Ульчские сказки

울치인 이야기

<지식을만드는지식 소설선집>은
인류의 유산으로 남을 만한 작품만을 선정합니다.
오랜 시간 그 작품을 연구한 전문가가
정확한 번역, 전문적인 해설, 풍부한 작가 소개, 친절한 주석을
제공하는 고급 소설 선집입니다.

지식을만드는지식 소설선집

시베리아 설화집

Ульчские сказки

울치인 이야기

작사 미상

이경희 옮김

대한민국, 서울, 지식을만드는지식, 2018

편집자 일러두기

• 이 책은 ≪Ульчский язык≫(Ленинград: Наука, 1985)를 원전으로 옮긴이가 가려 뽑아 번역했습니다.
• 이 책의 주석은 옮긴이가 직접 작성한 것입니다.
• 외래어 표기는 현행 한글어문규정의 외래어표기법을 따랐습니다.

차 례

울치인 이야기

켐테르게 용사

아무도 가 보지 않은 한 호숫가, 아무도 가 보지 않은 강가, 만, 철쭉이 만발한 숲, 전나무 뒤, 강가 옆 전나무 아래, 낙엽송 언덕 위에 집 한 채가 있었다.

아주 멀고 먼 옛날이었다. 부부가 단둘이 살고 있었다. 그러던 어느 날 아내가 샤먼의 노래를 부르며 앉았다. 남편이 아내에게 말했다.

"여보! 어째서 샤먼의 노래를 부르며 앉았어?"

"여보, 저 바다 중간에 섬이 하나 있어요. 그 섬에 뻐꾸기가 기른 켐테르게라는 용사가 살고 있어요. 귀머거리 뻐꾸기 아홉 마리와 귀가 먹지 않은 뻐꾸기 아홉 마리가 밤낮으로 그 용사를 흔들어 재웠어요. 어떻게든 우리가 그 용사를 찾으러 갈 수 있을 거예요."

남편 용사는 강가로 내려왔다. 바다 한가운데를 향해 작은 노를 저어 갔다. 그렇게 노를 계속 저어 섬 가까이에 가서 보니 뻐꾸기가 많이 있었다. 아주 조심스럽게 살금살금 다가갔다. 요람이 있었다. 요람이 흔들거리며 매달려 있었다. 남편은 뻐꾸기들이 소란스러운 틈을 타 재빨리 요람 가까이 갔다. 아기를 들고 강가로 내려왔다. 배 있는 데까지 갔다.

뻐꾸기들이 웅성거리며 부리로 쪼아 댔다. 용사는 바다 한가운데까지 아이를 끌고 갔다.

용사의 아내가 강가로 갔다. 물이 허리까지 닿는 곳까지 가서 아이를 안고 집으로 왔다. 아이를 물 끓이는 큰 솥에 넣고 더운물로 씻겨 주었다. 아이를 씻긴 후 갑옷을 입혔다. 그렇게 여자는 아이를 키웠다. 어느 날 남편 용사는 사냥에서 돌아왔다. 남자는 모자를 쓴 채 집에 들어와서 잠이 들었다. 이불을 둘둘 만 채 잠을 잤다. 아무리 깨워도 일어나지 않았다. 아무리 깨워도 미동도 하지 않고 계속해서 잠만 잤다. 마침내 아내가 샤먼의 노래를 부르며 앉았다.

"당신이 왜 잠을 자는지 나는 알아요. 적과 싸우러 가려고 마음먹고 자는 거예요."

남편 용사가 껄껄 웃으며 일어났다.

"이 화살을 잘 보시오. 내가 이 화살을 집 한가운데 있는 기둥에 박아 놓을 거요. 만일 이 화살이 칼날이 부딪치는 소리를 내며 떨어지면 내가 죽을 것이고 만일 이 화살이 반짝반짝 빛나면 내가 살아 있다고 생각하시오."

남편 용사가 멀리 있는지 가까이 있는지 알 수 없었다. 남편이 떠난 후 아내는 화살을 보았다. 화살은 소리를 내며 떨어졌다.

아이는 아주 잘 자랐다. 아이는 새를 사냥하기 시작했다.

새 한 마리를 죽이면 하루가 지나고 새 두 마리를 죽이면 이틀이 지났다. 하루에 한 마리씩 새를 죽였다. 그렇게 살았다. 아이는 줄곧 사냥을 나갔다가 들어오곤 했다.

아이가 엄마에게 말했다.

"어머니! 저를 따라다니지 마세요. 이제 저는 다 컸어요. 혼자서도 잘 다녀요."

아이는 멀리 어디론가 갔다. 새 한 마리를 죽여 이쪽저쪽 이로 물어뜯었다.

아이는 큰 천둥소리를 들었다. 사방에서 천둥소리가 들렸다.

아이는 집으로 향했다. 아이는 집에 와서 스키를 벗지도 않고 옷을 다 입은 채로 이불을 머리까지 둘둘 말고 잠이 들었다.

아이가 잠을 잘 때 엄마가 샤먼의 노래를 부르며 앉았다.

"아버지와 엄마의 아들인 네가 왜 그렇게 잠을 잘까? 네가 왜 잠을 자는지 나는 알아. 아버지를 죽인 사악한 정령을 찾아 그와 싸우러 가기 위해 잠을 자는 거야. 그런 생각을 하며 자는 거야."

아이가 껄껄 웃으며 잠에서 깼다. 어머니는 아이에게 갑옷을 입히고 화살을 주었다. 그리고 배에 음식을 실었다. 배에 하나 가득 음식을 실었다.

아이는 바다 한가운데로 노를 저어 갔다. 얼마나 갔는지 알 수 없었다. 어머니는 아이가 까마귀 크기만 하게 보일 때까지 자리에 서서 바라보았다. 아이는 노를 저어 갔다. 갑자기 무언가가 보였다. 앞에서 큰 소리를 내며 다가오는 것이 있었다. 뒤에서도 무언가 큰 소리를 내며 따라오고 있었다. 무언가가 큰 소리를 내며 다가오고 있었다. 사방에서 큰 소리가 들렸다. 번개가 쳤다.

"자, 비구름아! 더 몰려와라. 나는 어떻게든 괴물을 죽여야만 해. 샤먼은 샤먼이 할 수 있는 일을 해야 하고 마법사는 마법사가 할 수 있는 일을 해야 해. 자, 덤벼 봐."

파도가 일고 바람이 불었다. 아이는 노를 꽉 잡았다. 큰 짐승에게 쏠 때 쓰는 날카로운 화살과 무딘 화살을 잡았다. 두 화살은 아버지가 만든 것이었다. 아이는 소리를 지른 후 위를 향해 화살을 쏘았다. 그러자 바로 무언가가 신음 소리를 냈다. 뇌우가 사라지고 고요함이 엄습했다. 아이는 계속 앞으로 갔다. 어느 섬에 다다랐다. 섬 가까이 가니 노 일곱 개가 짝을 이루고 있는 배 한 척이 있었다.

"그래 계속 가야만 해. 괴물이 있는 곳으로 가야 해. 괴물을 볼 수만 있다면 땅을 따라서 강을 따라서 어디든 가야만 해."

젊은 용사는 계속해서 앞으로 갔다. 양손으로 노를 꽉 잡고 배를 힘껏 내리쳤다. 여자들이 함께 탄 배가 뒤집어졌다. 여자들이 입은 바지가 부풀어 올랐다. 여자들은 육지로 헤엄쳐 갔다. 육지에 올라 모닥불 옆에서 옷을 말리려고 했다. 젊은 용사는 자신을 키운 귀머거리 뻐꾸기 아홉 마리와 귀먹지 않은 뻐꾸기 아홉 마리를 보았다. 그들의 배설물이 눈처럼 떨어졌다. 나비만 한 크기의 배설물이 눈처럼 떨어졌다.

그렇다. 눈이 오기 시작했다. 그런데 여자들은 어디로 가 버렸나? 한 여자를 때려서 죽였다. 또 다른 여자를 때려서 죽였다. 가장 젊은 여자만 죽이지 않았는데 그녀가 사라졌다. 젊은 용사는 처녀를 찾아다녔다. 마침내 찾아냈다. 용사는 처녀를 칼로 내리치고 싶었으나 그녀 대신 바닥에 쓰러진 나무를 칼로 내리쳤다.

"용사님! 살려 주세요! 나는 사람 고기를 먹지 않아요. 나는 샤먼이 아니에요. 당신을 도와줄게요. 고난에 처하면 언제든 부르세요. 제 심장을 누르지 마세요. 살려 주세요."

용사는 때리는 것을 멈췄다. 나무를 구해 가지고 와서 발로 힘껏 차고 쪼개 거처할 초막을 만들었다. 한쪽 벽은 나뭇가지로 다른 쪽 벽은 톱밥으로 만들었다.

"어때? 전나무로 만든 판 위에서 우리는 자야만 하는데."

처녀가 말했다.

"알았어요. 지금 밖으로 나가게 해 주세요."

처녀가 밖으로 나가 소리쳤다.

"아버지! 어머니! 제가 지금 불행에 처했어요. 옷도 없고 아무것도 없어요. 아버지와 언니들이 만든 물건들을 어서 빨리, 제 말을 듣는 즉시 보내 주세요."

처녀가 그렇게 외치자마자 이불과 요와 물건들이 하늘에서 쏟아졌다. 처녀는 물건들을 초막으로 가지고 들어왔다.

처녀는 지팡이 하나를 가지고 있었다. 처녀가 지팡이로 힘껏 땅을 두드리자 온갖 종류의 음식이 식탁에 차려졌다. 두 사람은 서로의 입에 음식을 넣어 주며 배불리 먹었다. 추워서 두 사람은 좀 더 가까이 누웠다. 두 사람은 그곳에서 잠을 잤다. 처녀가 젊은 용사에게 물었다.

"여기에서 무슨 할 일이 있어요?"

"아버지를 죽인 사악한 정령을 찾아가는 길이야."

처녀가 말했다.

"무슨 이유로 길을 따라가세요? 내가 가장 어렸어요. 나는 사람 고기를 먹지 않아요. 한 여자가 나를 키웠어요. 그 여자를 뻐꾸기들이 키웠어요. 사악한 정령이 그 여자를 데려가 섬에 남겨 놓았어요. 섬에 남겨진 여자를 뻐꾸기들이 키웠어요."

처녀가 말했다.

"언제든 불행이 닥치면 이 지팡이로 땅을 힘껏 두드리세요. 제가 올게요."

처녀는 양손을 입으로 가져가서 훅 불었다. 그러자 처녀는 사라졌다. 하늘 위 넓은 의자에 앉아 있었다. 소리를 지르며 구름 위에 앉아 있었다. 그러자 용사는 자신의 노를 구부려 가방에 넣었다. 그는 계속해서 걷고 또 걸었다. 얼마를 왔는지 알 수 없었다. 노 일곱 개를 젓고 가는 배 한 척이 강 아래로 절벽을 돌아서 가고 있는 것이 보였다. 용사는 절벽 위로 뛰어 올라가서 강 아래로 배를 타고 가는 용사들에게 말했다.

"용사 친구들, 나를 배에 태워 줘. 큰 재앙을 만났어."

"아이고! 아이고! 저기 바위에 있는 게 사악한 정령이야. 조용히 지나가자."

그 배 뒤로 또 배 한 척이 가고 있었다. 열 척이 넘는 배가 가고 있었다. 그러나 아무도 용사를 태워 주지 않았다. 배들은 멈추지 않고 가던 길을 그냥 계속 갔다. 멀리서 또 다른 배 하나가 갔다. 노는 여섯 개인데 사람은 일곱 명이었다.

용사는 또다시 노래했다.

"용사 친구들! 나를 태워 줘. 큰 재앙을 만났어."

배에 탄 나이 든 사람이 말했다.

"여보게 친구들! 저기 저 타이가[1)]에 사람이 있는 것 같

아. 정말이지 사람이 곤경에 빠진 것 같아. 사람이 있는 것 같아. 배를 대야 해."

배에 탄 다른 사람들이 나이 든 사람에게 말했다.

"아마 귀신일지도 몰라."

"곤경에 빠진 사람을 구해야만 해. 나쁜 일은 없을 거야. 사람의 목소리로 말하는데, 무슨 일이 있겠어?"

배가 멈추었다. 용사가 배로 사뿐히 뛰어올랐다.

"용사 친구들! 안녕하시오. 안녕하시오. 어디로 가시오?"

"이 절벽 뒤에 마을이 있다고 들었어. 그 마을 위를 흰 오리가 날면 검게 된대. 곰을 타고 가면 아홉 번 잠을 자야만 갈 수 있대. 오리를 타고 날아가면 사흘이면 도착할 수 있대. 그래. 거기 사람들은 서로 힘을 겨룬다고 하더군. 거기에는 여자도 많고 용사도 많다고 하더라고. 다양한 성씨의 사람들이 서로 힘을 겨루거나 시합을 구경하러 간대. 우리도 힘을 겨루는 시합을 구경하려고 가는 거야. 이제 당신과 함께 가면 되겠네."

"나도 거기로 가는 길이었는데 곤경에 빠졌어요. 다른 배들은 나를 태워 주지 않았어요. 배가 망가졌어요. 이 절벽에서 곤경에 빠졌어요. 어떤 사람들은 나를 사악한 정령으로

---

1) 타이가 : 북반구의 냉대 기후 지역에 나타나는 침엽수림이다.

오인했어요. 나를 귀신이라고 생각했어요. 나를 타이가의 귀신이라고도 하고 땅속의 귀신이라고도 불렀어요. 그런데 당신들이 내가 사람인 것을 알고 나를 이렇게 배에 태워 줬어요."

용사는 나이 든 사람과 계속해서 이야기를 나누었다.

"바다 중간쯤 가서 방향을 바꾸시오. 나도 노를 젓게 해 주세요. 너무 추워서 땀을 좀 흘리고 싶어요. 절벽까지 노를 젓게 해 주시오."

타수가 말했다.

"그에게 노를 젓게 해. 자! 뱃머리에서 노를 저어. 그래. 너희는 좀 쉬어. 그에게 넘겨. 노를 조금 젓게 해."

뱃머리에 앉은 사람은 조용히 노를 저었다. 그렇게 조용히 노를 저어 앞으로 갔다. 육지의 절반이 보이지 않게 되었다. 육지에서 멀리 노를 저어 갔다. 바다 한가운데에 나왔다.

용사가 뱃머리에 앉으며 말했다.

"이제 내가 노를 저을게요!"

용사가 한번 노를 물에서 빼내자마자 노가 부러져 버렸다. 노를 꽂는 고리가 큰 소리를 내며 부러졌다. 어떻게 망가진 노로 갈 수 있단 말인가? 배에 타고 있는 사람들이 모두 울었다. 배 앞에 앉아 있던 용사를 잡아 배 뒤로 보냈다.

용사가 두세 번 노를 젓자 노가 부러져 버렸다. 뱃머리에 타고 있던 다른 사람이 말했다.

"제가 말했잖아요. 우리가 타이가의 귀신을 태운 거예요. 우리는 여기서 물고기 밥이 되거나 물거품이 될 거예요."

배는 노 없이 가고 있었다. 아무것도 없었다. 가장 나이 든 사람이 이를 꽉 물고 눈을 감은 채 배를 돌렸다. 배는 앞으로 나가지 못하고 흔들거릴 뿐이었다.

용사는 굉음과 함께 뒤로 넘어졌다. 그는 노래를 부르기 시작했다.

"강철 샤먼이여! 바다 한가운데서 재앙을 만났어. 내 말이 채 끝나기 전에 부디 강철 노와 강철 키를 떨어뜨려 줘."

용사의 노랫소리가 울리자마자 그가 말한 것들이 쿵쿵거리는 소리와 함께 배에 떨어져 박혔다. 용사는 자신의 머리카락 한 가닥을 뽑았다. 입김을 불고 양 손바닥을 때렸다. 머리카락이 열 번 곤두섰다. 용사는 사람들을 모두 뱃머리 앞 기둥에 묶었다. 사람들은 마치 죽은 사람들처럼 돼 버렸다. 나이 든 사람은 나무로 된 키를 멀리 던져 버리고 강철로 된 키를 잡았다. 강철로 된 키를 가죽끈으로 잘 묶었다. 용사가 말했다.

"좋아요! 이제 내가 노를 저을게요!"

용사는 세차게 노를 젓기 시작했다. 파도는 산 정상보다 더 높았다. 사람들은 마치 오리가 날 듯 바다를 건너갔다. 얼마 후 저 멀리 마을이 보였다. 용사가 말했다.

"저기로 배를 저으세요!"

거기서부터 용사는 세게 노를 젓기 시작했다. 강철 노가 부러졌다. 노의 고리도 전부 떨어져 나갔다. 노는 없었다. 나이 든 사람은 이를 악물고 배를 몰았다. 낡은 모자가 바람에 날아갔다. 그는 오직 손만 응시했다. 손이 가리키는 대로 배를 몰았다. 나이 든 사람은 그렇게 배를 계속해서 몰았다. 얼마 후 배를 옆에 댔다. 파도가 배를 덮쳐 배는 해안가에서 좀 멀리 떨어진 육지로 쓸려 갔다. 배는 나무가 무성한 기다란 언덕 위에 길게 누워 버렸다.

한 여자가 말했다.

"아이고! 아이고! 어떻게 여기 배를 댔어. 나중에 이 큰 배를 어떻게 밀려고 그래?"

"얼굴을 맞지 않으려면 입 다물어. 무슨 말이 그렇게 많아?"

용사는 긴 막대기를 찾으러 갔다. 어떤 이는 긴 막대기들을 찾으러 갔고 어떤 이는 불을 피웠고 어떤 이는 숲으로 갔고 어떤 이는 큰 솥을 가지고 왔다. 어떤 이는 창고로 가서 곡물 한 말과 기름을 가지고 왔다.

"이제 빨리 죽을 듭시다!"

사람들은 많이 먹지는 않았다. 그저 자리에 앉아 있었다. 용사만 죽을 다 먹었다. 집이 만들어졌다. 저녁이 되자 용사는 마을로 올라가 큰 돼지 한 마리를 끌고 왔다. 시합이 끝난 후 쓰려고 준비해 두었던 돼지를 끌고 왔다. 돼지 귀를 잡고 데리고 왔다. 그 자리에서 돼지를 죽였다. 여자가 말했다.

"용사들! 내가 지금 돼지 주인에게 가서 말할 수도 있어."

"그러면 때릴 거야. 아무 말도 하지 마."

용사는 돼지를 그 자리에서 바로 잘라서 삶았다.

다른 사람들은 아무 말도 하지 않고 앉아 있었다. 두려웠다.

용사가 말했다.

"가만히 있어! 나 혼자 할게."

용사는 돼지를 다 먹어 치웠다. 다 먹어 치우자 벌써 밤이 되었다. 다른 사람들은 자리에 누웠다. 용사는 불에 타고 있던 장작개비를 들고 나갔다. 그는 입김을 불고 양 손바닥을 세게 때렸다. 여자는 코를 골기 시작했다. 용사는 모닥불에서 타고 있던 장작개비를 여자에게 가지고 갔다. 냄비와 돼지머리를 여자에게 가지고 가서 여자의 베개 밑에 놓았다. 여자는 아무것도 모른 채 계속 잠만 잤다. 얼마 후 여자는 일어났다. 여자가 잤던 그 자리에서 약간의 음식을 만들어 솥에 넣고 끓였다.

다음 날 아침에 난리가 났다. 누가 와서 그런 짓을 했을까? 의식을 위해 준비한 돼지가 사라졌으니 소란스러운 게 당연했다. 누구네 창고가 부서졌고 누구네 생선 말리는 장대가 부서졌다는 엄청난 소리가 들렸다. 사방에서 여러 용사들이 모여들어 여자네 집으로 내려갔다.

"보시오! 보시오! 저기 있는 저 일곱 아니 여덟 용사들이 지난밤 뭔가 나쁜 짓을 했어. 누군가의 생선 말리는 장대를 강가로 끌고 갔어. 누군가의 돼지를 끌고 가서 다 먹어 치웠어."

사람들은 떼로 몰려갔다.

여자가 말했다.

"여러 용사가 돼지를 삶을 사람들은 돼지를 삶았고 돼지를 나누어 줄 사람들은 나누어 주었어요. 원하지 않는 저를 이리로 끌고 왔어요. 제가 끓인 것을 볼래요? 저는 여기에서 차를 끓였어요."

거기에는 솥이 있었다. 타다 남은 장작도 있었다. 그리고 돼지머리도 있었다. 사람들이 돼지머리를 가지고 왔다. 여자를 강가에서 내쫓았다. 어디로 내쫓았는지 아무도 모른다.

우리의 용사가 말했다.

"당신들은 여기 계세요. 사람들이 어떻게 하나 보고 올게요. 내가 보고 올 테니 당신들은 여기 가만히 계세요."

용사가 말을 마친 후 입김을 '후' 하고 불자 원래 모습은 간데없고 대머리에 종기투성이인 아주 불쌍한 모습으로 변했다. 용사는 사람들이 시합을 하고 있는 곳으로 갔다. 아무도 돌을 던지지 못했다. 어떤 이들은 기껏해야 가슴팍까지밖에 돌을 들어 올리지 못했고 어떤 이들은 돌을 만지작거리기만 할 뿐이었다. 마을 족장이 용사를 발견하고는 말했다.

"저 용사에게도 돌을 주어 한번 해 보게 해라. 이길 수도 있으니."

사람들이 말했다.

"저렇게 형편없이 더럽고 추한 사람에게 돌을 줄 필요가 있을까요?"

족장이 말했다.

"다양한 사람들이 서로 힘을 겨뤄 보도록 내가 준비한 거야."

사람들이 용사를 데리고 왔다. 용사가 걸어왔다. 마을 여자들이 바라보았다. 다양한 부족의 여자들이었다.

어떤 여자가 말했다.

"괜찮아. 실패할 거야."

용사가 걸어갔다. 용사는 돌로 다가가서 마치 공을 들어

올리듯이 가볍게 돌을 들어 올렸다. 그런 다음 돌을 사람들의 머리 위로 던졌다.

여자들이 말했다.

"저렇게 대머리에 종기투성이인 사람에게 누가 시집을 갈까?"

한 처녀가 말했다.

"사람은 저마다 재능이 있게 태어나는 법이에요. 용기가 없는 사람은 여기에 오지 못해요. 외모가 무슨 상관이에요?"

다른 여자가 말했다.

"우리는 아무것도 몰라. 조용히 해!"

용사는 돌을 들고 말했다.

"족장님! 이 돌이 아깝지 않으세요? 이 돌로 공놀이를 할게요."

용사는 돌을 높이 던졌다가 떨어질 때 받고 다시 높이 던졌다가 받았다.

족장이 용사에게 말했다.

"아깝긴 뭐가 아까워? 하고 싶은 대로 해."

"그럼 제가 이 돌을 던져 이 강 위를 따라 걷는 사악한 정령들을 멈추게 하고, 강 아래를 따라 걷는 사악한 정령들을 돌아가게 할게요. 태어나는 아이들이 이 돌을 볼 수 있도록 바다 한가운데에 세워 놓을게요."

용사는 돌을 들었다.

"하늘까지 닿고 땅까지 닿게 자라라. 돌아! 높이 자라라. 돌아! 강 아래에 있는 사악한 정령들과 강 위에 있는 사악한 정령들이 멈출 수 있도록 자라라!"

용사는 돌을 던졌다. 그 돌은 바다 한가운데 장승처럼 광채를 발하며 우뚝 서 있다. 돌은 바다에서 자랐다.

용사와 사악한 정령

어느 집에 한 아이가 외롭게 살았다. 아이는 자랐는데도 기지도 앉지도 못했다. 아이는 늦게 기고 앉기 시작했고 걷는 것도 늦게 배웠다. 아이는 벌레와 손에 잡히는 것을 모두 먹으며 자랐다. 아이는 그렇게 자랐다. 아이가 이제 제법 자라서 밖으로 나가 나무도 자르고 자신의 활과 화살을 만들 수 있게 되었다. 화살을 쏘아 새도 잡았다. 이틀에 한 마리를 잡았다. 그러다가 두 마리씩 잡았고 다시 세 마리씩 잡았다. 마침내 새를 잡아 식량으로 할 수 있게 되었다. 그렇게 세월이 흘러 어느덧 아이는 크게 성장해 용사가 되었다.

날씨가 아주 화창하고 바람도 불지 않는 어느 때였다. 용사가 밖에 있는데 무슨 소리가 들렸다. 무언가가 다가오고 있었다. 오리 같기도 하고 아닌 것 같기도 한 무언가가 다가왔다. 그것이 집 안에 들어오려고 했다.

용사는 무서워서 몸을 떨며 벽에 딱 달라붙은 채 앉아 있었다. 화살을 집어 집으로 날아든 물체를 향해 쏠 채비를 했다. 물체는 굴뚝을 완전히 부수고 집 안으로 날아들었다. 얼굴은 검었고 깃털도 새까맸다. 얼굴은 쇠 지렛대 같았고 깃털은 화살 같았고 날개는 칼 같았고 꼬리는 창 같았다. 용사는 너무 무서웠다. 용사가 집으로 들어온 괴물을 화살로 쏘려고 하자 괴물이 말했다.

"어이! 내가 이 마을을 다 파괴했었어. 그런데 막 어머니 배 속에서 나온 아기를 마을에 남겨 두었지. 이제 그 아기가 이렇게 자라서 먹을 만해졌구나. 어디 볼까? 충분히 먹을 만해졌는지 아닌지."

용사가 말했다.

"그래. 네가 나를 잡아먹을 만큼 나는 충분히 자랐어. 그런데 보다시피 네가 나를 잡아먹을 수 있겠어?"

"재미있구나. 재미있어. 대꾸하는 법도 배웠구나. 만일 네가 나를 쏘고 싶으면 한 군데를 쏴야 해. 만일 다른 곳을 쏘면 너는 헛수고만 하는 거야. 내 몸은 모두 강철처럼 단단해서 화살이 들어가지 않아. 네가 가진 화살로는 나를 죽일 수 없어. 자! 나를 쏴! 쏴!"

용사는 괴물을 바라보며 괴물의 약점인 곳을 향해 화살을 날렸다. 화살은 명중했고 괴물 새는 바닥에 쓰러졌다. 괴물 새가 쓰러지자 용사는 밖으로 뛰어나가 도끼를 들고 와서 새의 머리를 잘랐다. 새의 머리가 바로 사라지고 몸통만이 남았다. 용사는 새를 질질 끌고 밖으로 나가서 있는 힘을 다해 장작더미가 있는 데까지 끌고 갔다. 장작에 불을 붙였다. 새의 몸은 다 타서 재가 되었다. 그런 다음 용사는 집으로 들어갔다. 그런데 사라진 새의 머리가 아궁이에서 말했다.

"그래. 네가 나를 이렇게 만들었구나. 내 시대가 다시 오면 너를 반드시 찾아내서 너를 물어뜯어 죽일 거야. 네가 나를 이렇게 만들었어. 내 시대가 오면 내가 너를 찾을 거야. 너는 내 이빨을 피하지 못할 거야."

이제 어떻게 잠을 청한단 말인가? 밖은 이미 어두워졌다. 용사는 사악한 정령이 들어온 집이 무서웠다. 여기에서 어디론가 도망쳐야만 했다. 용사는 눈길이 닿는 대로 아무 데나 달리기 시작했다. 그렇게 얼마를 달렸을까 마침내 날이 밝아 오기 시작했다. 다른 쪽 해안가로 이어지는 길이 보였다. 거기에는 크고 높은 산이 하나 있었다. 그 산 끝에 사람이 사는 집이 한 채 보였다.

"이제 살았다."

용사는 집을 향해 달리기 시작했다. 집에 도착해서 문을 열고 안으로 들어갔다. 뒤쪽 벽에 큰 기둥 하나가 보였다. 앞쪽 벽에도 큰 기둥이 있었다. 주춧돌 옆에 사람들의 뼈가 흩어져 있었다. 용사는 생각했다.

'사악한 정령을 피해 있는 힘을 다해 도망쳤는데 또다시 사악한 정령이 있는 곳으로 들어온 거야? 몰라. 잡아먹히거나 말거나 어쨌든 들어갈 거야.'

용사는 안으로 들어갔다. 앞에서 노인과 노파가 사람의 머리를 먹고 있었다. 뒤에서도 노인과 노파가 사람의 머리를 먹고 있었다. 노인과 노파는 집에 들어온 용사를 바라보았다. 용사는 개를 묶어 놓는 곳으로 가서 앉았다. 한 노인이 용사를 바라보다가 고개를 급히 돌렸다. 다른 쪽에 있던 노인도 급히 고개를 돌렸다.

“아! 훌륭한 인간의 아이다. 그가 태어난 것을 봤는데 오랜만에 다시 보는구나. 애야, 어디로 가니? 어디로 가는지 어디로 갈 건지 말해 줘.”

“아니에요. 혼자서 어디로 가겠어요? 저는 힘들고 가난하게 벌레를 닥치는 대로 잡아먹으며 그렇게 살았어요. 그렇게 살아서 이렇게 자랐어요. 그런데 사악한 정령이 집에 침입했어요. 정령이 무서워서 도망치는 거예요. 할아버지가 제게 어디로 달아나야 할지 가르쳐 주세요. 혼자서 달아날 수 있을까요?”

“아! 우리는 낮이나 밤이나 죽은 사람들의 머리를 갉아먹으며 살고 있어. 어디로 가야 할지 우리가 어떻게 알겠니? 음, 애야! 여기서 나가서 앞으로 계속 걸어가. 계속 걷다 보면 땅의 끝에 다다를 거야. 계속 걸어. 큰 바닷가가 나올 거야. 숲으로 올라가면 죽은 사람의 무덤이 있어. 그 무덤을 파. 거기에 샤먼이 허리끈과 거울과 함께 묻혀 있어. 그 샤

면을 일으켜 앉혀서 물어봐."

"고마워요."

용사는 칼로 자신의 넓적다리에서 살을 도려내서 앞에 있던 노인에게 주었다. 그런 다음 다른 쪽 다리에서 살점을 잘라 뒤에 있던 노인에게도 주었다. 그런 다음 침으로 다리를 문지르자 살점이 다시 돋아났다.

"아프지 마세요!"

용사는 노인들이 말한 대로 밖으로 나와서 달렸다. 오랫동안 달려 죽은 사람의 무덤에 다다랐다. 무덤을 파서 죽은 사람을 일으켜 세웠다. 오래전에 죽은 샤먼이었다. 샤먼을 깨우기 위해 늙은 샤먼의 입을 곰의 비계로 문질렀다. 그러자 샤먼의 장신구가 딸랑거렸다.

"누가 나에게 먹을 것을 준 거지? 오래전에 내가 살았을 때 먹었던 음식을 누가 나에게 먹인 거지?"

"아이고! 저예요. 저는 사악한 정령이 무서워서 도망치고 있어요. 조언을 구하러 당신에게 왔어요. 살 방법을 알려주세요."

"나는 이미 오래전에 죽었어. 내가 무엇을 너에게 알려줄 수 있겠니? 내 무덤 앞에 길이 있을 거야. 그 길을 따라가면 장승 두 개가 서 있을 거야. 그중 하나의 혀에 바늘 아홉 개가 박혀 있을 거야. 그 바늘들을 빼낸 후 물어봐. 이제 나를 다시 잘 눕혀 줘."

용사는 샤먼을 다시 눕힌 후 출발했다. 얼마를 달렸을까 샤먼이 말한 장소에 도착했다. 장승의 턱을 잡고 장승을 쉽게 꺼냈다. 장승의 혀를 꺼내자 바늘이 다 떨어져 나갔다. 장승의 입을 비계로 문질렀다. 장승이 미소를 지으며 싱글거렸다.

"예전에 내가 살았을 때, 제사 때 먹었던 것을 나에게 먹인 사람이 누구지?"

"할아버지! 저는 혼자서 어렵게 살고 있는데 사악한 정령이 제 집을 침범했어요. 그를 피해 도망치고 있어요. 어디로 가야 할지 알려 주세요."

"죽은 지 오래되었지만 살았을 때 알았던 것을 알려 줄게. 이 길을 따라가다가 고개를 넘으면 집 한 채가 나타날 거야. 평범하지 않은 집이야. 금과 은, 주석으로 장식한 훌륭한 집이야. 집의 앞쪽 벽을 따라가다 보면 개를 묶는 곳이 있어. 뒤쪽 벽을 따라가다 보면 개를 묶는 곳이 있어. 개들이 거기에 묶여 있어. 집 안에 한 여자가 있을 거야. 그녀의 한쪽 뺨에는 까치의 발자국이, 다른 쪽 뺨에는 달이, 이마에는 태양이 새겨져 있어. 그 여자에게 물어봐. 그리고 나를 다시 잘 세워 놔."

용사는 장승을 다시 세워 놓은 다음 출발했다. 한참을 걸었다. 마침내 장승이 말한 곳이 나타났다. 집 안으로 들어갔다. 여자가 혼자 앉아 있었다.

"어디로 가세요?"

"사악한 정령을 피해 도망가는 길이에요. 어디로 가야 할지 알려 주세요."

"아! 어떤 조언을 해 줘야 할까? 여기에서 나가 벽을 따라가면 세 갈래 길이 있을 거예요. 가운데 길을 따라가세요. 산 아홉 개를 넘고 늪 일곱 개를 지나면 늪지대 한가운데에 창고가 하나 있을 거예요. 창고 안에 그물이 있어요. 그 그물을 가지고 아주 작은 호숫가로 가세요. 거기에 배 한 척이 있어요. 그 배를 타고 그물을 던지세요. 당신이 진짜 운이 좋은 용사라면 황금 철갑상어와 은 잉어를 잡게 될 거예요. 만일 운이 나쁜 용사라면 아무것도 잡지 못할 거예요. 당신이 가야 할 길은 네발 달린 짐승이라면 엿새 걸릴 거리고, 날아다니는 새라면 사흘 걸릴 거리예요. 힘센 용사라면 이틀 만에 이리 돌아올 수 있을 거예요."

용사는 밖으로 나갔다. 방금 떠오른 태양이 보였다. 용사는 달렸다. 한참을 달리니 큰 늪이 보였다. 그 한가운데 바로 창고가 있었다. 한걸음에 창고로 뛰어 올라가서 그물을 들고 내려왔다. 배가 있는 곳으로 가서 배를 타고 그물을 던졌다. 갈고리와 방망이도 준비했다. 그런 다음 누웠다. 그때 누군가의 목소리가 들렸다.

“아이고! 아이고! 네 그물이 터지고 있어. 물고기가 걸려들었어. 빨리 그물을 살펴봐.”

용사는 남자의 말을 듣고 바로 일어나서 재빨리 배를 저어 그물을 살피러 갔다. 황금 철갑상어와 은 잉어가 잡혔다. 용사는 잡힌 물고기를 호숫가로 가지고 간 다음 그물을 창고에 다시 얹어 놓고 달렸다. 여자가 있는 집으로 다시 돌아왔다. 태양을 바라보았다. 한낮이었다. 용사는 여자가 있는 집으로 들어갔다. 여자는 생각했다.

‘어떻게 이렇게 빨리 갔다 올 수 있을까?’

여자는 용사가 잡아 온 물고기들을 자른 후 밖으로 나갔다. 얼마의 시간이 흘렀다.

“서두르세요. 빨리 여기를 떠나세요. 개를 묶어 놓은 기둥이 망가지고 있어요.”

용사가 밖으로 나왔다. 개 두 마리가 썰매에 매여 있었다.

“여기 앉으세요. 강한 용사라면 잘 앉아 있을 것이고 약한 용사라면 바로 떨어질 거예요. 꽉 잡으세요.”

용사는 썰매를 꽉 잡았다.

“준비됐어요?”

“준비됐어요.”

개들이 달렸다. 용사는 정신을 잃었다. 아무것도 기억이 나지 않았다. 정신이 들고 보니 썰매가 그의 위에 있다가 그의 아래에 있다가 했다. 그는 멀리 하늘 위를 달리고 있었다. 그렇게 오랫동안 달렸다. 개들이 점점 아래로 내려가 땅에 다다라서는 깊은 잠에 빠졌다. 왜 잠을 자는 걸까? 아무리 몰아도 머리를 들지 않았다. 어떻게 해도 머리를 들지 않았다. 개들은 잠에 빠졌다. 아마도 피곤했나 보다. 조금 후 개가 말했다.

"어이! 젊은 친구! 위를 봐. 저 구름 위에 두 여자가 앉아 있어. 무슨 말을 하는지 들어 봐."

용사가 위를 보았다. 두 여자가 머리가 헝클어진 채 구름 위에 앉아 있었다. 여자들이 말했다.

"훌륭한 용사가 장승 정령이 키운 개를 타고 돌아오고 있어. 얼마나 훌륭한 용사인가. 그가 앉은 자리에 앉아 본다면 더 좋을 텐데. 그가 가는 것을 본다면 더 좋을 텐데."

"하늘에 있는 여자들이 나에 대해 말하고 있어."

"너에 대해 말한 것 때문에 구름이 쪼그라들면 모두 죽을 거야."

용사가 바람을 훅 불었다. 자신의 양 손바닥을 한 번 때렸다. 그러자 구름이 쪼그라들고 여자들의 다리와 팔이 아래로 떨어졌다. 팔다리가 떨어지자 머리가 떨어졌다. 여자들은 죽었다. 개들이 말했다.

"자! 이제 빨리 앉아. 바로 출발할 거야."

용사는 즉시 썰매를 탔고 위로 날아올랐다. 그렇게 계속 달린 후 개는 버드나무가 있는 곳으로 내려왔다.

"자! 여기서부터 너 혼자 가. 가다 보면 시냇물이 시작되는 곳으로 내려가게 될 거야. 시내를 따라 자작나무 아홉 그루가 있을 거야. 그 나무 꼭대기 주변에 무언가가 빙빙 돌고 있을 거야. 그의 코에는 종 스무 개가, 뺨에는 종 마흔 개가, 꼬리에는 종 아홉 개가 있어. 종을 단 그 토끼를 붙잡아서 타고 가. 우리가 너를 여기까지 데려왔어. 네가 강한 용사라면 나무에 있는 토끼까지 다가갈 수 있을 것이고, 만일 약한 용사라면 토끼를 보지 못할 거야. 토끼가 바로 나무 위로 올라가 버릴 테니까."

용사는 살금살금 커다란 잎사귀 아래로 걸어갔다. 잎사귀들을 전혀 건드리지도 않았고 풀 밟는 소리마저 내지 않았다. 그렇게 조용히 몰래 나무뿌리까지 다가갔다.

토끼가 용사를 발견하고 말했다.

"이제까지 그 누구도 여기까지 들어온 적이 없는데. 네가 여기까지 들어온 유일한 사람이야. 정말로 나를 잡고 싶다면 수를 세. 지금 내가 나무 주위를 아홉 번 돌 거야. 내가 나뭇잎을 뜯어 먹으려고 위로 올라갈 때 나를 잡아."

용사는 머리를 치켜들고 숫자를 셌다. 토끼가 아홉 번을 다 돌 때까지 용사는 자리에 앉아 있었다. 토끼는 위로 뛰어올라 구름 속으로 완전히 사라졌다. 용사는 계속 자리에 앉아 있었다. 토끼에 매달린 종이 울리는 소리가 들렸다. 조금 후 개 두 마리가 토끼 꼬리와 토끼 코를 물고 있는 것이 보였다. 개들은 토끼를 끌고 내려와서 용사 앞에 힘껏 던졌다.

"빨리 타. 뭐 하고 있어?"

용사는 토끼 등에 올라탔다.

"꽉 잡아. 떨어질 수 있으니."

용사는 토끼의 턱을 껴안고 양발로 토끼의 옆구리를 꽉 잡았다. 개들이 토끼를 풀어놓자마자 토끼는 큰 소리를 내며 날아올랐다. 용사는 다시 토끼를 타고 하늘을 날았다. 때론 토끼의 배 위에 있는 것 같기도 하고 때론 토끼의 등 위에 있는 것 같았다. 그렇게 한참을 날다가 토끼가 한 좋은 장소로 내려왔다.

"이제 됐어. 충분히 날았어. 이제 나는 죽을 때가 되었어. 나에게는 심장이 두 개 있는데 개들과 싸울 때 하나를 잃었고 너를 여기까지 데려오면서 다른 하나를 잃었어. 지금부터 너 혼자 가. 내 죽음을 슬퍼하지 마. 울지 마."

토끼는 말을 마친 후 낫에 베인 풀처럼 푹 쓰러져 죽었다. 용사는 토끼의 턱을 잡고 슬피 울었다. 그때 여자의 목소리가 들렸다.

"뭘 잡고 그렇게 우세요? 눈을 떠 보세요."

용사가 눈을 떴다. 이게 웬일인가. 여태 자작나무를 껴안고 울고 있는 게 아닌가.

"분명히 토끼였는데."

"자! 자! 가서 음식을 드세요. 배고프지 않으세요?"

여자는 집 안의 모든 것을 온통 꺼내 놓았다. 음식을 끓이고 식탁에 음식을 차렸다. 모든 것을 다 꺼내 놓았다.

"자! 빨리 가서 드세요!"

용사는 비로소 사람이 먹는 음식을 먹게 되었다. 이제까지는 벌레와 새만 먹었다. 그 이외에는 아무것도 먹어 본 적이 없었다. 그에게 이런 음식을 차려 준 사람은 다름 아닌 그에게 개를 주고 여기까지 오게 한 그 여자였다. 용사는 식탁으로 가서 음식을 먹었다. 그리고 성인 남자가 입는 옷을 입었다. 지금까지는 아주 어릴 때 입었던 옷을 입고 있었다. 좋은 옷을 입고 좋은 신발을 신었다. 이제 잠을 자야 했다. 이미 밤이었다.

여자가 말했다.

"지금 바로 잠을 청해서 내일 하루 종일 주무세요. 반드시 모레 일어나야만 해요."

"소변이 마려우면 어떻게 해야 하지?"

"염려하지 마세요. 소변이 마렵지 않을 거예요. 일어나지 말고 푹 주무세요."

용사는 잠이 들었다. 밤새도록 잤다. 다음 날도 하루 종일 잤다. 용사는 그다음 날 아침이 되어서야 일어나 식사를 했다.

"이제 혼자서 걸어서 가세요."

"어디로 가야 할지도 모르는데 혼자서 걸어가라고?"

"괜찮아요. 괜찮아. 어디로든 가세요. 가다 보면 안개를 만나게 될 거예요. 안개 속을 걸어가면 한 노인이 아무 데도 가지 말고 그가 있는 곳으로 다가오라고 말할 거예요. 그러면 그 노인더러 당신이 있는 곳으로 오라고 말하세요. 그러면 그 노인이 다가올 거예요."

용사는 출발했다. 한참을 걸으니 안개가 나타났다. 여태 한 번도 본 적이 없는 안개였다. 안개 속으로 걸어갔다. 한 노인이 소리쳤다.

"어이! 내 아이를 찾아야 해. 내 아이를 잃어버렸어. 아들아! 도대체 어디 있니?"

"할아버지! 여기 있어요. 여기요."

"자리에 가만히 서 있어. 내가 갈 테니."

조금 후 샤먼의 거울을 턱에 매단 정령이 다가왔다. 정령은 용사의 턱과 허리를 잡고 데려갔다. 용사를 데리고 안개가 없는 곳으로 나왔다.

"이제 혼자서 가. 가다 보면 큰불을 만나게 될 거야. 어떤 방법으로도 그 불을 통과할 수는 없어. 그냥 불 속으로 걸어가. 너는 타지 않을 테니까. 거기에서 한 남자가 나타나서 어디에 있냐고 네게 물으면 여기에 있다고 말해."

용사는 다시 출발했다. 큰불이 나타났다. 너무 뜨거워서 도저히 통과할 수 없을 것 같았다. 불은 활활 타고 있었다. 용사가 불 속으로 걸어가자 누군가의 외침이 들렸다.

"어디에 있어? 어디에 있는 거야?"

"여기에 있어요. 여기에요."

"가만히 서 있어. 움직이지 마."

그러나 움직이지 않고 서 있으면 탈 것만 같았다. 어떻게 불 속에 서 있는담? 조금 후 정령이 다가왔다. 등과 가슴에 샤먼의 거울을 달고 있었다.

"자! 내 턱을 껴안아."

정령은 용사를 업고 갔다. 정령은 있는 힘껏 불을 통과했다.

"이제 혼자서 가. 계속 걸어가면 땅끝에 다다를 거야. 땅끝에 다다르면 버드나무 두 그루가 있을 거야. 나무에 매 한 마리가 앉아 있을 거야. 네가 다가가도 매는 날아가지 않을 거야. 매가 부르면 다가가. 그러면 매가 너를 태우고 바다를 건널 거야."

용사가 앞으로 걸어갔다. 정령이 말한 땅끝에 도착했다. 버드나무가 있었다. 회색 매 한 마리가 날개를 흔들고 있었다.

"젊은 친구! 가까이 와."

용사가 매에게 다가갔다.

"내 등에 올라타!"

"과연 나를 잘 태우고 갈 수 있겠어요?"

"해 볼게. 해 볼게. 잘 앉아."

매는 입에 풀을 물고 바로 반대편으로 곧장 날아가기 시작했다. 날다가 피곤해지면 풀을 던져 그 위에 앉곤 했다. 그리고 다시 날아올랐다. 매는 계속해서 멀리 날았다. 한참을 날아도 큰 마을은 보이지 않았다. 큰 마을이 보이자 매는 곧장 그쪽으로 날았다. 매는 마침내 마을이 있는 곳에 도착해서 해안가에 용사를 내려놓았다. 사악한 정령의 집이 있는 마을이었다. 매가 말했다.

"이제 너 혼자 사악한 정령과 싸워야만 해. 네가 더 강하면 그 정령을 죽일 것이고, 만일 그 정령이 더 강하면 너는 죽을 거야."

용사는 집에 누웠다. 잠시 누웠다가 다시 일어나 앉아서 사악한 정령을 불렀다.

"어이! 난 이제 완전히 자라 어른이 되었어. 네가 지금 나를 잡아먹으면 배가 아주 부를 거야. 네가 나를 잡아먹을 수 있도록 나 스스로 여기 왔어."

"입 닥치고 다시 돌아가. 너를 잡아먹고 싶지 않으니까."

"그래. 너는 수많은 마을 사람과 전사를 죽이고 잡아먹으며 살았어. 이제 너는 혼자 외롭게 되었어. 많은 사람을 죽였기 때문에 너는 외롭게 되었어. 자신이 죽을 거라는 생각을 하니 슬플 거야."

사악한 정령은 인간의 뼈들을 두드리며 투덜거렸다. 그리고 옷을 입고 부두로 내려와서 용사와 싸웠다. 용사와 사악한 정령은 한참 동안 싸웠다. 정령은 힘이 빠졌고 용사도 지쳤다. 그때 용사는 위에서 무언가 시끄러운 소리가 나는 것이 들렸다. 용사가 위를 올려다보았다. 그를 데려다주었던 그 매가 그의 머리 위를 날고 있었다. 매가 말했다.

"정령의 아버지인 용사여! 이 봉지를 놓치지 마. 봉지가 떨어지면 바로 위로 손을 뻗어 잡아."

용사는 봉지를 유심히 바라보다가 봉지가 떨어지자 재빨리 날아올라 낚아챘다. 봉지를 여니 그 안에는 깃털이 달린 어린 새와 깃털이 없는 어린 새, 그리고 흰 알이 하나 있었다. 용사는 흰 알을 재빨리 삼켰다. 깃털이 없는 어린 새를 허리춤에 있는 가방에 넣고 깃털이 있는 어린 새를 손에 잡았다. 용사가 사악한 정령에게 말했다.

"자! 빨리 어서 위로 올라와. 놀라워. 왜 그렇게 오래 잠을 자는 거야?"

그러자 사악한 정령이 즉시 위로 올라왔다.

"내가 위로 올라오니까 발 옆에 어린 새가 하나 있더군. 봐. 아주 예쁜 새야. 아주 귀여운 새야."

"어디? 어디? 아이고 너는 창피하지도 않니? 젊은 애가 그런 것을 가지면 안 돼. 아주 어리고 보잘것없는 새야. 나 같은 늙은이에게 줘."

"나중에 내 아이가 생기면 가지고 놀게 키울 거야. 너에게 주지 않을 거야."

"헛수고야. 아주 어린 새야. 보잘것없는 새야."

"정 그렇게 원한다면 네 입을 향해 던질게. 입을 크게 벌리고 눈을 크게 뜨고 받아."

사악한 정령은 입을 크게 벌리고 눈을 크게 떴다. 정령의 눈을 똑바로 바라보며 용사는 있는 힘껏 그 새를 던졌다. 정령은 자빠져 죽었다. 용사는 이제 강 상류로 가고 싶었다. 상류에서 사악한 정령의 아내가 내려오고 있었다.

"남편이 죽었으니 이제 어떻게 살아가나? 어떻게 스스로를 지키지? 나도 죽여라."

정령의 아내는 땅으로 오자마자 검은 괴물로 변했다. 괴물은 사방에서 용사를 공격했다. 괴물은 용사에게 다가가 이빨로 물어뜯으려고 했다. 용사는 괴물을 뿌리쳤다. 괴물은 다시 용사를 이빨로 물어뜯으려고 했다. 용사는 다시 뿌리쳤다. 용사는 달아났다. 한참을 달아나다가 괴물이 다시 이빨로 물어뜯으려고 하자 용사는 깃털이 있는 새로 힘껏 괴물을 때렸다. 괴물은 산산조각이 났다. 괴물은 그 자리에서 죽었다.

용사는 다시 마을 쪽으로 올라갔다. 해안가를 따라 위로 올라갔다. 마을의 끝이 나왔다. 거기에 작은 집이 한 채 있었다. 집으로 들어가니까 여자가 혼자 있었다.

"당신이 내 아버지도 죽이고 어머니도 죽였으니 이제 이 마을을 가져가세요. 당신에게 시집갈게요."

집에는 여자의 아버지가 사람들을 때렸던 검은 채찍이 있었다. 두 사람은 그 채찍을 잡았다. 그런 다음 마을 끝의 강의 상류로부터 오는 사람들과 강의 하류로부터 오는 사람들을 때려 배에 가득 태웠다. 큰 마을의 모든 것을 다 실었다. 두 사람이 배에 싣고 갔다. 절반쯤 갔을 때 용사가 여자에게 말했다.

"나는 내 첫 번째 아내에게 갈 테니 당신 혼자서 가시오."

"알았어요. 가세요. 저 혼자 갈게요."

여자는 혼자서 갔다. 용사는 자신에게 개들을 주었던 여자에게 갔다. 그런 다음 여자를 도와 자신의 마을로 돌아왔다. 그가 살던 마을에는 예전에 집이 한 채밖에 없었으나 이제는 큰 마을로 변했다. 끝이 보이지 않을 정도였다. 두 번째 아내가 자신의 마을과 함께 도착했다. 그녀는 마을을 통째로 가지고 왔다. 여기저기 사방에 집을 지었다. 사람들이 아주 많이 살게 되었다.

용사는 매일 숲으로 사냥을 다녔고 짐승을 사냥해 왔다. 첫 번째 아내가 말했다.

"오늘 우리 시합해요. 당신이 짐승의 코를 잘라 오세요. 나도 짐승의 코를 잘라 올 테니. 우리 중 누가 더 짐승을 많이 죽였는지 봐요. 서로 다른 길로 갑시다."

"좋아."

아내는 옷을 입고 사냥을 갈 채비를 했다. 영락없이 남자였다. 두 사람은 출발했다. 한 사람은 이쪽 길로, 다른 사람은 저쪽 길로 갔다. 아내는 짐승 50마리를 죽였고, 남편은 짐승 100마리를 죽였다. 두 사람이 갔던 길이 교차하는 지점에서 어떤 남자가 짐승 100마리를 끌고 지나갔다. 용사가 아내에게 말했다.

"그 남자가 나를 만나고 싶어 해. 당신은 돌아가. 나는 그 사람을 쫓아갈게."

아내는 집으로 돌아갔다. 용사는 그 남자를 뒤쫓아 갔다.

그러나 남자를 따라잡을 수가 없었다. 자신이 죽인 짐승 100마리와 아내가 죽인 짐승 50마리를 허리에 묶어 끌면서 스키를 타고 갔다. 엉겅퀴 두 다발을 뿌리째 뽑아 여기저기 꽂았다. 엉겅퀴를 자신의 짐승들 위에 세우고 앉아서 쉬었다. 그때 그 남자가 왔다. 그는 용사가 꽂아 놓은 엉겅퀴 막대를 질질 끌어냈다. 아주 단단하게 꽂힌 막대를 끌었다. 그런 다음 용사의 짐승들 위에 앉았다. 담배를 피우면서 무언가를 했다. 용사가 일어나서 자신의 짐승 150마리를 머리 위에서 빙빙 돌리다가 자신의 집을 향해 던졌다. 숲에 바람이 일었다. 용사는 짐승들이 집에 이미 떨어졌을 거라고 생각했다. 남자는 자신의 짐승 100마리를 머리 위에서 돌리다가 같은 곳으로 던졌다. 짐승은 숲 끝으로 떨어졌으나 집까지 다다르지는 못했다.

두 용사는 강 아래에서 사람들이 시합을 벌이고 있는 것을 보았다. 큰 바위를 들어 올리는 시합이었다. 용사는 스키를 타고 내려갔다. 다른 용사가 뒤따랐다. 사람들이 무척 많았다. 어떤 장사는 어깨까지, 어떤 장사는 허리까지밖에 들지 못했다. 사람들은 그렇게 돌을 들어 올리다가 두 용사를 보게 되었다. 사람들이 말했다.

"손님 용사들이 아직 힘을 써 보지 않았어."

족장이 말했다.

"손님 용사들이 아직 힘을 써 보지 않았어. 그들에게 힘을 써 보게 해라."

짐승 100마리를 가지고 가던 용사가 족장과 함께 가서 돌을 들었다. 어깨까지 들어 올렸으나 그만 돌은 굴러떨어졌다. 우리의 용사도 돌을 들러 가고 싶었다. 그때 한 남자가 용사에게 다가와서 바닷가를 따라서 가라고 말했다. 용사의 한쪽 팔을 일곱 사람이, 다른 쪽 팔을 일곱 사람이 붙잡았다. 용사는 그들과 함께 다가갔다. 사람들이 용사를 바라보았다. 아주 괴이한 모습이었다. 흰 치마에 황금색 할라트[2)]를 걸치고 있었다. 아주 체격이 좋았다. 용사는 한쪽 팔에 있는 일곱 사람과 다른 팔에 있는 일곱 사람을 밀치고 큰 돌을 위로 들어 올렸다. 그런 다음 발을 구르며 완전히 높이 그 큰 돌을 들어 올렸다. 돌을 들어 올린 다음 주먹으로 한쪽 손바닥을 때리자 돌이 큰 소리를 내며 날아갔다. 다른 손바닥을 주먹으로 때리자 돌이 다른 쪽으로 굉음을 내며 날아갔다. 용사는 돌이 날아갈 때 그 아래를 뛰어 통과하다가 돌이 완전히 아래로 떨어지자 다시 돌을 집어서 원래 있던 곳으로 가져다 놓았다.

우리의 용사는 화가 났다. 돌을 내려놓은 다음 해안가로

---

2) 할라트 : 폭이 넓고 긴 두루마기 같은 옷이다.

내려가기 시작했다. 그 남자를 잡으러 내려갔다.

"됐어. 그만해. 정령의 아버지! 나를 때리지 마. 내가 아직 이긴 거야. 네가 힘을 또 쓰지 않게 할 거야. 네가 던진 짐승 150마리를, 너의 집 마당에 떨어진 그 짐승들을 다 잘라서 정리했어. 네 형이 던진 짐승 100마리를, 숲 옆에 떨어진 짐승들을 끌고 와서 다 잘랐어. 일을 다 마친 후 나는 여기 온 거야. 내가 돌을 든 것이나 네가 돌을 든 것이나 다 매한가지야. 됐어. 나는 떠날게."

우리의 용사는 다시 집으로 갔다. 사람들이 앉아 있었다. 사람들이 말했다.

"지금 족장 집으로 가서 차를 마셔. 우리가 졌어. 족장의 여동생을 내줘야만 해."

우리의 용사가 말했다.

"가만! 나는 여기에서 다시 가야 해요."

용사는 자신의 스키를 잡았다. 우리 용사의 형인 또 한 용사는 집으로 돌아갔다. 우리의 용사는 다른 방향으로 갔다. 한참을 가다 보니 절벽 위에 집 한 채가 보였다. 집에 다가갔다. 집 앞에 스키를 세우고 안으로 들어갔다. 한 여자가 혼자 앉아 있었다. 샤먼 같기도 했고 마녀 같기도 했다. 용사는 집으로 들어가서 나무 침상 위에 앉았다.

"친구! 우리가 뻔뻔하다고 말하지 마. 우리는 남자 없이 살고 있어. 만일 바늘이 망가지면 누가 고쳐 주지? 만일 칼이 무뎌지면 누가 갈아 줄까? 사람이 그리워서 누구든 남자가 들어오면 그에게 해 달라고 부탁해야만 해. 내 칼을 갈아 줘."

여자가 칼을 던졌다. 그런데 칼이 화살로 변해 큰 소리를 내며 용사에게 날아왔다. 용사는 화살이 날아오자 재빨리 몸을 숙였다. 화살은 그의 머리 위를 스쳐지나 벽에 꽂혔다. 용사는 일어나서 화살을 빼 잘게 부러뜨렸다.

"모든 물건은 제 주인이 있는 법이야. 주인에게 가거라. 받아. 칼을 다 갈았어."

용사는 칼을 던졌다. 이번에는 칼이 여자에게 화살이 되어 날아갔다.

"안 돼! 안 돼!"

화살은 여자에게 정확히 날아갔다. 여자는 넘어졌다. 여자는 다시 일어나 앉았다.

"네가 어떻게 나보다 세지?"

여자는 화살을 잡아 부러뜨린 후 옆으로 던졌다.

"친구! 이 바늘을 갈아 줘. 끝이 완전히 무뎌졌어. 안 된다고 말하지 마."

여자는 바늘 일곱 개를 던졌다. 바늘은 화살이 되어 용사를 향해 날아갔다. 화살이 날아오자 용사는 재빨리 누웠다.

화살이 그의 옆구리에 박혔다. 용사는 화살을 잡아 뭔가를 만들었다.

"자! 아가씨! 받아. 바늘을 갈았어. 물건에는 제 주인이 있어."

용사는 바늘을 던졌다.

"안 돼! 안 돼!"

바늘은 여자의 얼굴을 찔렀다. 여자는 자빠졌다. 조금 후 여자가 다시 일어났다.

"너는 나보다 센 게 틀림없어."

여자는 바늘을 부러뜨린 후 옆으로 던졌다.

"친구! 나를 봐!"

용사가 여자를 바라보았다. 여자가 바람을 후 불고 양 손바닥을 한 번 치자 용사 쪽으로 불이 활활 타올랐다. 용사는 얼굴이 빨갛게 익은 채 밖으로 나갔다. 용사는 여자의 집에서 나와 강 아래로 걸어갔다. 검은 절벽까지 왔다. 절벽에 도착하니 거기 아내가 앉아 있었다. 용사가 아내를 꾸짖었다.

"어디서건 내가 어려운 상황에 놓이면 적 앞에 있어야지. 이제 내가 떠나면 당신은 죽을 거야."

"아니에요! 아니에요! 도끼를 가져왔어요. 이 도끼로 검은 절벽을 치며 안으로 들어가세요."

용사는 도끼를 들고 검은 산을 치며 안으로 들어갔다. 꽉 대기를 치자 불이 완전히 꺼졌다. 용사는 밖으로 나와 도끼를 뒤에 매달고 다시 여자의 집으로 갔다. 용사는 여자 집으로 들어가서 담배를 피우며 오랫동안 휴식을 취했다. 용사가 말했다.

"자! 아가씨! 나를 봐!"

여자가 용사를 바라보았다. 용사는 바람을 후 불고 양 손바닥을 한 번 때렸다. 그런 다음 일어나서 여자의 머리를 기둥 구멍으로 집어넣었다. 옛날 사람의 집 기둥에는 구멍이나 있었다. 여자가 머리를 빼내려고 하자 턱이 걸렸다. 앞으로 머리를 밀며 나가려고 하자 어깨가 걸렸다. 여자는 기둥 구멍에 그렇게 갇혀 버렸다. 여자는 어쩔 수 없이 그렇게 사는 수밖에 없었다. 용사는 거기서 오랫동안 살았다. 담배 피우고 빈둥거리며 마음 편하게 살았다.

"아가씨! 여기에서 이렇게 갇혀 있는 게 마음에 들어? 아니면 빠져나가고 싶어?"

"나가는 게 마음에 들어요."

"그렇다면 나를 봐!"

여자는 울었다. 눈물이 눈에 고였다. 용사는 여자에게 자신을 보라고 시켰다. 여자가 용사를 바라보자 용사는 입으로 후 하고 바람을 불고 양 손바닥을 한 번 쳤다. 그러자 여자의 머리가 쑥 빠졌다. 여자의 다리가 위로 올라가서 천장에 들러붙었다. 여자의 머리는 아래에 놓였다. 용사가 말했다.

"너는 나를 죽이려 했지만 이제 여기에서 말린 물고기처럼 바싹 마르게 될 거야. 아주 빼빼 마르게 될 거야."

용사는 그렇게 말하고 밖으로 나가 집으로 출발했다. 가는 길에 아내를 데리고 갔다. 집에 돌아와서 아내와 함께 살았다. 아내가 말했다.

"그건 나쁜 짓이에요. 사람을 그렇게 버려두면 안 돼요. 마을의 아래 끝을 망보게 할 수 있어요. 제가 그 여자를 데려올게요. 불쌍해요. 그저 장난으로 한 짓에 그렇게 행동할 필요가 있어요?"

아내가 즉시 떠나 여자를 데리고 돌아왔다. 여자는 거꾸로 다리를 위로 한 채 있었으니 당연히 몸이 말랐다. 피가 머리로 몰려 얼굴이 퉁퉁 붓고 몸은 바싹 여위었다. 여자를 치료했다. 치료만 한 것이 아니라 살이 찌게 했다. 용사가 여자에게 말했다.

"이제부터 마을 아래 끝에 있는 모든 것을 잘 지켜! 누가 우리 마을을 파괴하려고 오는지, 누가 우리 마을 사람들을 죽이려고 오는지 잘 지켜! 쓸데없이 말을 지껄이면 죽을 거야."

여자는 마을의 아래 끝으로 갔다. 거기에서 한 용사에게 시집을 갔다. 그들의 집은 마을 중앙에 위치해 있었다. 짐승 100마리를 던진 용사의 마을은 그들의 마을 맞은편, 즉 반대편 바닷가에 있었다. 그가 바로 사악한 정령이 데려가다가 떨어뜨린 우리 용사의 형이라고들 말한다. 그 후 용사의 형은 거기에서 살기 시작했다. 이제 우리 용사는 형을 자신의 집으로 오게 했다. 형을 숲의 끝에 있는 마을로 오게 했다. 이제 그들은 그렇게 함께 살았다.

가난한 노인과 부자 노인

가난한 노인과 부자 노인이 살았다. 두 노인은 각자 아내와 함께 살았다. 가난한 노인은 먹을 것을 구하지 못했다. 부자 노인은 항상 먹을 것이 많았다. 부자 노인은 낚시를 하고 짐승의 모피를 두드렸다. 가난한 노인은 가끔 부자 노인에게 식량을 얻으러 가곤 했다.

어느 날 가난한 노인이 아내에게 말했다.

"말린 생선알을 꼭꼭 씹어."

"왜요?"

"군말 말고 씹기나 해. 굶어 죽지 않으려면 그렇게 해."

할머니는 알을 꼭꼭 씹었다.

노인이 다시 말했다.

"우리는 그물도 없어. 아무것도 없어. 이제 겨울인데 음식을 아무 데서도 구하지 못할 거야."

노인은 그렇게 말한 후 할머니와 함께 강가로 내려갔다. 강가로 가서 얼음 구멍을 뚫었다. 그런 다음 할머니가 꼭꼭 씹은 알을 미끼로 구멍에 넣고 물고기를 유인했다.

"철갑상어야! 이리 와서 물어. 이리 와서 입맞춤해."

바로 철갑상어 두 마리가 다가왔다. 할머니가 찰싹찰싹

때리며 잡았다. 노인 부부는 물고기를 많이 잡았다. 그들은 잡은 물고기를 썰매에 싣고 집으로 갔다. 그런데 부자 노인은 그 사실을 몰랐다. 가난한 노인은 또 곰곰이 생각했다. 노인은 다시 출발했다. 이번에는 멀리 갔다. 가다가 누더기를 발견했다. 얼마나 발견했을까? 눈이 있는 곳에서 많이 찾을 거라고 생각했다. 그런데 눈 위에서 들장미 열매를 많이 주웠다. 눈 위에 열매가 있었다. 노인은 누더기를 입고 솥을 들고 눈 위에 누웠다. 들장미 열매를 입과 눈, 코, 귀에 쑤셔 넣었다. 노인이 그렇게 하는 동안 몸은 추워서 꽁꽁 얼어 가고 있었다. 토끼 한 마리가 다가와서 말했다.

"밀림의 동물들아! 타이가의 동물들아!"

그러자 여우 한 마리가 와서 말했다.

"에구! 꽁꽁 얼었네. 누더기를 걸치고 불쌍해. 가난한 할아버지! 왜 죽었어? 들장미 열매를 먹고 죽다니."

여우도 불렀다.

"밀림의 동물들아! 타이가의 동물들아!"

그러자 토끼들과 여우들이 몰려왔다. 담비와 다람쥐, 족제비 들도 왔다. 동물들은 노인을 집으로 끌고 갔다. 이빨로 노인의 다리를 물고 닥치는 대로 물고 끌고 갔다. 여우들과 족제비, 다른 동물들이 모두 힘을 합해 노인을 끌어 집으로 데려다주었다. 토끼, 담비, 다람쥐 들이 모두 집으로 들어왔다. 할머니가 동물들을 보고 말했다.

“기다려! 가지 마! 고마워라. 너희가 우리 영감을 구했어. 우리 영감을 끌고 오다니.”

할머니는 집에 있는 창문이랑 굴뚝을 모두 닫아서 동물들이 아무 데도 나가지 못하게 했다.

“이제 모두 끝냈어요.”

할머니가 말을 마치자마자 노인이 벌떡 일어나서 여우들과 다른 짐승들을 다 죽였다. 집 안에 있는 짐승들은 아무 데로도 나갈 수가 없었다. 노인은 이제 아주 부자가 되었다. 창고에는 물고기와 짐승 가죽이 가득했다.

어느 날 부자 노인은 자신의 가난한 이웃을 놀려 주려고 가난한 노인의 집으로 왔다. 부자 노인은 가난한 노인이 구걸을 하러 오지 않는 것이 이상해서 보러 온 것이다. 그런데 가난한 노인이 아주 부자가 되어 있는 것이 아닌가? 온 창고가 짐승 가죽과 물고기들로 가득했다.

“음! 도대체 어떻게 저 모든 것을 얻게 된 거지?”

가난한 노인은 하나도 숨기지 않고 사실대로 다 말했다.

“이렇게 된 거야. 먼저 할멈을 강에 보낸 후 둘이서 물고기를 잡았어. 말린 생선알을 꼭꼭 씹게 한 다음에 말이야. 그리고 숲으로 가서 죽은 척했지. 그러니까 여우들과 다른 짐승들이 와서 나를 끌어 집에 데려다주었어.”

"나도 그렇게 할래."

부자 노인이 말하자 가난한 노인이 대꾸했다.

"그래. 그렇게 해."

가난한 노인은 그렇게 부자에게 가르쳐 주었다.

부자 노인은 집으로 가서 아내에게 알을 씹으라고 시켰다. 그런 다음 가난한 노인이 그랬듯이 아내를 얼음 구멍으로 가게 했다.

"철갑상어들아! 이리 와서 물어!"

그러자 철갑상어들이 알을 물으러 올라왔다. 부자 노인은 욕심이 너무 과해 그만 물고기 대신 성급하게 자신의 아내를 몹시 때려 죽게 만들었다. 결국 부자 노인은 철갑상어는커녕 아무것도 잡지 못했다.

처녀와 거인들

옛날에 한 노인이 살았다. 슬하에 단지 딸 하나가 있었다. 노인의 딸은 가난한 사람에게 시집을 가고 싶어 했다. 그러나 노인은 딸을 부자에게 시집보내기를 원했다. 딸은 아버지가 자신을 부자에게 시집보내려고 하는 것 때문에 매일 아버지와 싸웠다. 어느 날 노인이 딸에게 말했다.

"내 머리에 있는 이를 좀 잡아 보렴."

딸은 아버지 머리에서 꽤 큰 이를 찾아냈다. 그 이로 무엇을 만들었을까? 노인은 그것으로 샤먼의 북을 만들었다. 노인은 하인들을 거느리고 있었고 부자였다. 노인은 이로 북을 만든 후 마을 사람들을 불러 모아 북이 무슨 가죽으로 만든 것인지 맞혀 보라고 했다. 맞힌 사람에게 자신의 딸을 주겠다고 말했다.

하인들은 물을 길어 날랐다. 가득 모인 사람들에게 음식을 해 주기 위해 물을 길어 날랐다. 그 시절에는 창문에 유리 대신 물고기 가죽을 달았다. 창문 너머에 두 거인이 있었다. 거인들이 노인의 말을 듣고 있었다.

얼마 후 하인들이 물을 길으러 갔다. 거인들이 하인들에게 물었다.

"말해 봐. 노인이 무엇으로 북을 만들었어?"

하인들은 겁이 났지만 대답을 하지 않았다.

"만일 너희가 말하지 않으면 저 얼음 구멍에 빠뜨릴 거야."

그러자 하인들은 사실대로 말했다. 노인이 딸이 그의 머리에서 찾은 이의 가죽으로 샤먼의 북을 만들었다고 말했다. 그 말을 들은 거인들은 노인의 집으로 갔다. 하인들도 물을 길어 가지고 집으로 갔다. 거인들이 창문 뒤에서 말했다.

"무엇으로 북을 만들었는지 우리는 알아. 네 딸을 우리에게 줘."

딸은 가난한 사람에게 시집가기를 원했다고 노인에게 말하며 서럽게 울었다. 딸은 거인에게 가는 것 이외에는 달리 방법이 없었다. 노인은 딸을 거인에게 줄 것이다. 딸은 울며 출발했다. 딸은 빗과 숫돌을 품속에 넣었다. 가위를 들고 말을 그린 종이를 잘랐다. 그리고 거인들과 함께 길을 떠났다. 한 거인이 딸에게 말했다.

"돌로 지은 저 집이 우리 집이야."

그들은 한참을 걸었다. 아직 집에 도착하기 전이었다.

처녀는 생각했다.

'저 거인들을 속여야겠다. 그들에게 시집갈 수는 없어.'

그런 생각이 들자 처녀가 거인들에게 말했다.

"잠깐 멈춰요. 남자들만 사는 집이라 안이 엉망일 거예요. 내가 먼지를 털고 바닥을 닦을 테니 조금 있다가 들어오세요."

두 거인은 집으로 들어가려다 말고 잠시 기다리기로 했다. 두 거인은 집에서 그리 멀지 않은 곳에 서서 기다렸고 처녀는 집 쪽으로 걸어갔다. 처녀는 집 안으로 들어갔다. 돌로 만든 집은 안쪽도 온통 돌로 되어 있었다. 돌로 된 선반들이 있었다. 거인들의 음식은 모두 다양한 나무의 진이었다. 처녀는 생각했다.

'저 거인들을 속여야겠다.'

처녀는 집 안을 조금 치운 후 나와서 말을 만들기로 했다. 입김을 후 불고 손바닥을 때리자 말이 만들어졌다. 처녀는 말에 올라타고 달렸다. 그녀가 탄 말은 집 근처에서 잠깐 멈추고 숨을 돌렸다. 한편 집 근처에서 기다리던 거인들은 모든 것을 알아차렸다. 마침내 추격전이 시작됐다. 처녀는 거인들에게 거의 따라잡힐 것 같았다. 처녀는 하늘 위로 날아올랐다. 거인들은 하늘을 나는 사악한 정령들이었다.

그렇게 한참을 날자 처녀가 탄 말은 완전히 지쳤다. 말이 처녀에게 말했다.

"좀 쉬어요. 아무것도 두려워할 필요 없어요."

처녀가 탄 말은 말을 할 줄 알았다. 말이 처녀가 살던 고향 땅에서 잠시 멈추었다. 그러나 거인은 계속 따라왔다. 처녀는 품속에서 숫돌을 꺼내 위로 던졌다.

"아무 데도 가지 못하게 바위가 되어라!"

숫돌은 산으로 변해 버렸다. 그러나 거인들은 계속 따라왔다. 처녀는 다시 달아났다. 처녀가 탄 말은 좀 휴식을 취했음에도 처녀를 더 이상 도울 수가 없었다. 처녀는 또다시 말을 만든 후 그 말을 타고 달아났다. 그 말 역시 지쳤다. 처녀는 다시 곤경에 처하자 빗을 던졌다.

"아무것도 통과하지 못할 철 그물이 되어라."

빗은 철 그물로 변했다. 처녀는 다시 말을 타고 달아났다. 한참을 달아나다가 처녀는 생각했다.

'이제 어떻게 해야 하지? 이제 내가 두 발로 걸어서 달아난다면 두 거인에게 잡힐 거야. 이 숫돌을 던져야겠다.'

"하늘과 땅을 지탱해 줄 것으로 변해라! 돌기둥이 되어라!"

처녀가 숫돌을 던지자 숫돌은 정확히 처녀가 말한 대로 되었다. 처녀는 기둥 꼭대기로 올라갔다. 거인들이 주먹으로 기둥을 세게 치자 기둥은 쓰러질 것 같았다. 그때 처녀는 생각했다.

'나에게 아직 종이가 있어. 아주 작은 종잇조각이 있어.'

처녀는 그 종잇조각으로 말을 만든 후 다시 말을 타고 한참을 달렸다. 거인들은 이미 사라지고 없었다. 기력이 다한 말이 쓰러졌다. 말이 처녀에게 말했다.

"내가 죽더라도 울지 마. 내가 죽거든 내 피로 집과 창고 모양을 만들어 줘. 내 가죽을 벗겨서 문지른 다음 깔고 자."

처녀가 울며 말했다.

"알았어. 집 모양을 만들게. 걱정 마."

처녀는 말이 시킨 대로 집과 창고 모양을 만들었다. 곡물을 두는 창고 모양도 만들었다.

말의 가죽을 벗겨서 문지른 다음에 깔고 잠자리에 들었다. 아침에 일어나니 화덕의 불이 잘 타고 있었다. 쇠로 만든 큰 솥이 있었다. 솥 안에는 따뜻한 물이 끓고 있었다. 이제 처녀는 모든 것을 갖게 되었다. 창고와 스키와 활 등 모든 것이 있었다. 처녀는 혼자서 사냥을 하며 지냈다. 하루는 처녀가 혼잣말을 했다.

"이제 쉴 수 있게 되었어."

처녀는 생각했다.

'누구든 여기 온다면 심심하지 않고 좋을 텐데.'

다음 날 강 반대편으로부터 배 한 척이 오는 것이 보였다. 처녀가 오래전부터 좋아했던 청년이 배에 타고 있었다.

배에는 거인과 노인도 있었다. 처녀는 너무 무서웠다.

'나는 이제 죽었다.'

처녀는 창고로 달려가서 활과 화살을 꺼냈다.

청년이 먼저 집으로 왔다. 처녀가 말했다.

"왜 여기 왔죠?"

"당신을 찾아서 여기까지 왔어요. 나는 총각이에요."

처녀가 아버지와 함께 살았을 때부터 처녀가 좋아했던 남자였다. 처녀는 생각했다.

'아이고! 거인들이 언제 들이닥칠까?'

청년은 혼자 왔다. 처녀가 청년에게 물었다.

"왜 거인들을 데리고 온 거예요?"

"아니에요. 내가 데려온 것이 아니라 저 노인이 데려왔어요. 저 노인이 거인의 아버지예요."

거인들은 처녀가 여기 있다는 것을 알고 온갖 속임수로 청년을 꾀어 데리고 온 것이었다. 처녀는 생각했다.

'아이고! 지친다. 어떻게 거인들을 죽이지?'

처녀는 한참을 생각한 후 강가로 내려가서 거인의 아버지를 활로 쏘았다. 거인의 아버지가 화살에 맞자마자 배는 반대편으로 완전히 사라졌다.

처녀는 청년과 결혼했다. 두 사람은 그때부터 함께 살았고 아들을 낳았다. 아들과 남편은 사냥을 하며 잘 살았다.

두 자매

두 자매가 살았다. 자매는 아이를 낳았는데 언니는 딸을 낳았고 동생은 아들을 낳았다. 두 자매가 그렇게 잘 살고 있던 어느 날 짐승 한 마리가 산에서 내려왔다. 곰이었다. 곰은 집으로 들어와서 언니가 자는 곳에 누웠다. 곰은 두 자매와 한집에서 살았다. 동생은 곰이 무서웠다. 얼마 후 또 곰 한 마리가 집에 와서 동생이 자는 곳으로 들어왔다. 나이가 더 많은 큰 곰이 언니 자리로 들어갔다. 곰이 집에 들어오자 동생은 옷을 걸치고 아이와 함께 누워 곰을 발로 걷어찼다. 곰은 조금 후 나갔다. 큰 곰은 언니와 함께 지냈다. 저녁에 큰 곰은 두 자매가 사는 집에서 나가 자기 집으로 갔다. 곰이 나간 후 조금 있다가 동생이 밖으로 나갔다. 동생은 곰이 간 곳을 따라서 한참을 걸었다. 곰의 발자국을 따라서 한참을 올라갔다. 초막이 한 채 보였다. 절반은 전나무 가지로 절반은 톱밥으로 만든 집이었다. 동생은 집으로 조심조심 다가가 전나무 가지를 조금 벌렸다. 틈 사이로 집 안이 들여다보였다. 집 안에 곰들이 있었다. 나이가 든 곰이 다른 곰에게 말했다.

"네가 아들을 찾았으니 화살과 활을 만들어. 나는 딸을 찾았으니 예쁜 옷을 만들게."

그러자 다른 곰이 말했다.

"나는 뭐든지 해 주려고 내 아이가 있는 곳에 갔는데 아이 엄마가 나를 너무 싫어해."

동생은 다시 집으로 돌아왔다. 집에 돌아와서 언니에게 물었다.

"아기가 울지 않았어?"

"아니. 울지 않았어."

다음 날 아침 다시 큰 곰이 언니에게로 왔다. 작은 곰은 오지 않았다. 나중에 작은 곰이 마치 사람처럼 집으로 들어왔다. 손에는 함지박을 들고 있었고 목에는 톱밥이 있었다. 작은 곰은 그렇게 집에 들어와서 그것들을 침대 위에 놓은 다음에 다시 밖으로 나갔다. 작은 곰은 장작을 가득 들고 다시 집으로 들어왔다. 집에 들어와서는 불을 활활 피웠다. 함지박을 불 위에 올렸다. 그러고 나서 동생에게 말했다.

"여기에서 좀 아래로 내려가서 좋은 남편을 찾아봐. 여기에서 좀 위로 올라가서 좋은 남편을 찾아봐!"

작은 곰은 그렇게 말한 후 불로 뛰어들었다. 얼마 후 동생은 일어나서 창고로 갔다. 동생은 털옷을 꺼냈다. 월귤나무 열매를 함지박에 넣어 집으로 가지고 왔다. 여자는 그것들을 침대에 놓았다. 장작을 가지고 와서 불을 활활 피웠다.

아기를 털옷으로 둘둘 말았다. 불은 더 세게 타올랐다. 동생은 아이와 함께 불 속으로 뛰어들었다.

한참을 걷다가 정신을 차려 보니 품 안에 있는 아이에게 두른 옷이 벗겨져 있었다. 다시 옷으로 아이를 잘 싼 후 업고 갔다. 한참을 가니 초막이 보였다. 집에서 노파가 나왔다.

"아이고! 아이고! 이렇게 추운 날씨에 어쩌자고 아기를 데리고 가는 거니? 어쨌든 집으로 들어와서 몸을 좀 녹여."

여자는 노파 집에 들어가서 하룻밤을 잤다. 노파가 말했다.

"네 남편이 돌아가라고 말했어."

여자가 말했다.

"이왕 여기까지 왔으니 계속 갈 거예요. 남편 고향까지 갈 거예요!"

다음 날 아침 여자는 길 떠날 준비를 했다. 노파가 당부했다.

"쭉 가다 보면 호수가 나타날 거야. 그 호수에 아기를 씻긴 다음 너도 씻어. 아기를 잘 싼 후 위로 올라가면 잘 자란 월귤나무와 제단에 바칠 함지박이 있을 거야."

여자는 함지박을 가지고 가서 그 안에 열매를 따 제단에 바친 후 계속 걸어갔다. 길을 따라 올라가다가 다른 노파를 만났다. 다시 월귤나무즙을 제단에 따라 놓으려고 하자 노파가 말했다.

"얘야! 아직까지 여기 있는 거야? 나는 네가 집으로 돌아갔다고 생각했어."

"이왕 여기까지 왔으니 돌아가지 않을 거예요. 곰의 고향까지 갈 거예요."

노파가 말했다.

"들어와서 눈 좀 붙여. 지금 자 둬야만 해."

여자는 하룻밤을 묵고 다음 날 아침 일찍 일어나서 떠날 준비를 했다. 노파가 말했다.

"여기서부터는 너 혼자서 올라가. 혼자서 걸어가. 어디로 가야 할지 알려 주지 않을 거야. 너는 오늘 도착할 수 있을 거야."

여자는 계속 걸었다. 또 초막 하나가 있었다. 오래된 창고가 있는 집이었다. 마당에 들어서자 노파가 나왔다.

"아이고! 네가 결국 우리 고향에 도착했구나."

"제가 드디어 도착한 거예요?"

노파는 여자의 아기를 안았다. 여자는 거기에 머물게 되었다. 남편은 집에 없었다. 날이 아직 어두워지기 전이고 숲이 아직 밝아 숲에서 대패질을 하고 있었다.

그때 노파가 말했다.

"저녁에 여기 있으면 안 돼. 내가 너와 아기를 창고로 데려다줄게."

노파가 여자를 창고로 데려가서 눕게 했다. 돗자리를 깔고 돗자리 안에 숨겼다.

얼마 후 저녁이 되자 사악한 정령들(여자 새들)과 여러 쌍둥이가 시끄럽게 지껄이며 집으로 내려왔다. 여자의 남편도 집으로 내려왔다. 그때 여자의 남편은 정령들이 지팡이로 통나무를 두드리는 것을 보았다. 아주 세게 지팡이를 휘두르며 북을 두드리고 있었다. 그들은 한참을 두드리다가 그쳤다. 조금 후 창고 근처에 작은 새끼 곰이 나타났다. 몸을 흔들거리며 위태롭게 서 있었다. 정령들은 떼를 지어 그쪽으로 갔다. 그러자 노파가 채찍으로 그들을 때렸다.

"우리는 하늘의 정령들이다. 우리는 날아다니는 정령들이다. 우리는 땅을 지키는 정령들이다."

사악한 정령들은 모두 달아났다.

어린 곰 혼자 엄마와 함께 남았다. 그들은 거기에서 하룻밤을 잤다. 다음 날 아침 여자의 남편은 스키를 타고 나갔다. 여자는 창고의 문틈으로 아무 말 없이 그를 지켜보았다. 여자의 남편이 숲으로 올라가자 노파가 여자를 부르러 왔다.

"다 잘됐어. 이제 사악한 정령은 없어. 다 사라졌어."

노파는 여자와 아기를 데려와서 하루 종일 함께 있었다. 저녁이 되자 여자의 남편이 돌아왔다. 여자는 자신이 한 행동 때문에 두려웠다. 생각하면 할수록 두려웠다.

남편은 집에 돌아와서 스키를 벗어 놓았다. 집에는 아내가 앉아 있었다. 어머니 옆에서 아기에게 옷을 입히고 있었다. 남자는 아기의 손을 덥석 잡고 어르고 또 얼렀다. 남자는 앉아서 한 손으로는 아기를 잡고 다른 손으로는 옷을 벗었다. 또 하룻밤이 지났다. 다음 날 저녁 남자가 어머니에게 말했다.

"어머니! 제가 아기를 데리고 잘게요."

"아기가 젖 달라고 밤에 울지 않을까?"

"밤에 울면 어미에게 데려다줄게요. 잠을 자려면 지금 누워야만 해요. 만일 울지 않으면 그대로 잘게요."

남자는 아기와 함께 누웠다. 밤새도록 새벽이 될 때까지 남자와 아기는 깨지 않고 푹 잤다. 아기는 울지도 보채지도 않았다. 남자는 아침 일찍 일어났다. 남자와 아내는 아주 기분이 좋았다.

다음 날 남자의 어머니가 말했다.

"너희는 여기에 살 수 없어. 저쪽 세상에서 태어난 자들은 우리 땅에서 살 수 없어. 너희는 저쪽 세상으로 가거라. 네가 태어난 곳으로 가거라."

남자의 어머니가 여자에게 말했다.

"떠나라!"

여자는 남편과 둘이서 떠났다. 썰매를 만들어 끌고 떠났다. 한참을 그렇게 가다가 하룻밤을 보내려고 한 곳에서 머물렀다. 두 사람은 잠자리에 들었다. 몸을 숨긴 채 잠을 잤다. 여자는 나중에 그곳이 자신이 태어난 고향 집이라는 것을 알게 되었다. 여자는 자신이 태어난 곳으로 돌아온 것이다. 언니와 언니의 남편이 있었다. 그때부터 그들은 거기에서 살기 시작했다. 그들은 온갖 짐승들을 사냥하고 물고기를 잡으며 가죽을 얻고 그렇게 살았다.

바투리

집 한 채가 외로이 서 있었다. 집에는 청년 혼자 외롭게 살고 있었다. 청년은 숲으로 가서 곰과 다른 짐승들을 사냥하고 살았다.

어느 날 청년은 생각했다.

'사슴과 곰을 아무리 많이 죽인들 뭐 해? 맛있게 먹은들 뭐 해? 아버지도 없는데. 아무리 배불리 먹어야 뭐 해? 어머니도 없는데. 사냥해 온 것을 먹어야 뭐 해? 아내도 없는데.'

어느 날 청년은 온종일 집에서 사냥 도구를 만들고 있었다. 활과 화살을 만들며 집에 있었다. 청년이 집에서 일을 하고 있는데 밖에서 시끄러운 소리가 들렸다. 청년은 시끄러운 소리를 내는 물체를 보려고 창문을 칼로 도려냈다. 창문 틈으로 말 한 마리가 보였다. 한 여자가 말을 타고 왔다. 청년은 하던 일을 계속하려고 앉았다. 그때 여자가 청년의 집으로 들어왔다. 청년은 여자를 보지도 않고 말을 걸지도 않았다. 여자는 방으로 들어와서 외투를 벗었다. 외투를 벗고 서둘러 일을 하기 시작했다. 여자는 창고로 가서 짐승의 고기를 가져와서 여러 가지 요리를 만들었다. 청년은 여자에게 말을 걸지도 않고 쳐다보지도 않았다. 입을 다문 채 앉아 있기만 했다. 여자는 상을 차리고 음식을 끓였다. 끓인 음식을 식탁에 한가득 차렸다. 여자가 청년에게 말했다.

"빨리 드세요!"

청년은 한 번도 사람을 본 적이 없었기 때문에 몹시 당황했다. 여자가 청년을 안심시키고 달랬으나 아무 소용이 없었다. 여자는 외투를 입고 나가며 말했다.

"저는 당신이 외롭게 산다는 것을 알고 왔어요. 만일 당신이 내 뒤를 밟으면 명이 단축될 거예요!"

여자는 말을 마친 후 집을 나갔다. 말을 타고 천둥소리 같은 굉음을 내며 다시 하늘로 날아갔다. 그때서야 청년은 생각에 빠졌다.

'왜 그녀를 떠나게 놔두었을까? 그녀는 보기에도 범상치 않은 여자야.'

청년은 여자가 만든 음식을 혼자서 다 먹었다. 젓가락으로 음식을 먹으려고 생각하면 젓가락이 알아서 음식에 꽂혔다. 청년은 배터지게 먹었다. 태어나서 그런 음식은 처음 먹어 보았다. 게다가 여자가 만들어 준 음식은 처음 먹어 보았다.

청년은 생각했다.

'그녀 뒤를 꼭 밟고 말 거야.'

청년은 여자가 간 곳을 따라서 걸어갔다. 그렇게 걷고 또 걸었다. 한참 후 집 한 채가 나타났다. 집으로 들어가니 노파가 앉아 있었다. 청년은 노파를 바라보는 것도 무서웠다. 허리는 찢어졌고 손은 갈고리 같았고 눈은 번쩍였다. 노파는 젊은이를 보고 깜짝 놀랐다.

'인간이 어떻게 여기까지 온 거지? 난 지금 짐승의 비계를 먹을 건데.'

노파는 창고에서 짐승의 비계를 가지고 와서 입에 넣은 후 집 안에 비계를 여기저기 뿌렸다.

노파가 말했다.

"쥐들아! 이리 와! 사악한 정령들아! 모두 나와! 모두 나와서 그가 도망가지 못하게 지켜. 내가 기름진 고기를 찾아왔으니까."

청년은 생각했다.

'어떻게 해야지?'

집에 연기가 올라왔다. 연기가 올라오자 쥐들과 사악한 정령들이 나타났다.

"어디 있어? 어디 있어?"

청년은 이미 도망갔다. 노파가 말했다.

"잡은 거야 못 잡은 거야? 찾은 거야 못 찾은 거야? 어디야? 잘 잡고 있어야지. 도망치지 못하게!"

"어디에 있는지 못 찾겠어. 도망갔나 봐."

노파가 말했다.

“어떻게 달아났지? 누구든 여기 들어오면 절대로 나가지 못하는데. 어떻게 달아났지?”

청년은 도망쳐 나오며 생각했다.

‘아이고! 아이고! 죽을 뻔했다.’

청년은 노파 집을 빠져나와 계속 앞으로 걸어갔다. 한참 후 한 장소에서 하룻밤을 보내기로 결심했다. 청년이 불을 피우고 한 손을 흔들자 짐승 한 마리가 왔다. 청년은 짐승을 잡아서 조심스럽게 잘 잘랐다. 꼬챙이를 만들어 짐승의 고기를 끼워서 구웠다. 청년이 다 익은 고기를 먹으려고 할 때 한 노파(사악한 정령)가 왔다.

“젊은이! 여기 있네.”

“할머니, 고기 좀 드세요!”

“난 고기는 안 먹을래. 추워서 죽을 것 같아.”

“꽁꽁 얼었으면 이리 불 가까이 오세요.”

청년은 그렇게 말한 후 노파의 얼굴을 봤다. 조금 전에 봤던 그 노파였다.

청년이 말했다.

“당신은 아마도 사람 고기를 먹겠지.”

“재미있군. 놀랍군. 누가 그래? 내가 사람 고기를 먹는다고.”

"당신은 얼마 전에 당신 집에서 나를 죽이려고 했어. 기름기가 많고 좋은 고기를 찾았다고 말했잖아. 사악한 정령들에게 그렇게 말했잖아. 그래서 내가 당신이 사람을 먹는다는 것을 알지. 당신은 아마 짐승 고기는 먹지 않을 거야. 어쨌든 나는 당신이 여기 오래 있게 놔두지 않을 거야. 곧 죽일 거야. 여기 있는 활과 화살이 보이지? 당신의 얼굴 정 가운데를 쏠 거야."

노파가 말했다.

"살려 줘. 그런 짓을 하지 마. 나는 아주 불쌍하게 사는 노인이야."

청년이 말했다.

"괴물아! 당장 여기서 꺼져. 사라지지 않으면 당장 죽여 버릴 거야."

노파는 거기에 그렇게 앉아 있다가 아무도 모르게 사라져 버렸다. 청년은 거기에서 혼자 밤을 보냈다. 아침이 되자 청년은 일어나서 계속 앞으로 걸어갔다. 청년은 한참을 걷다가 산에 있는 작은 시내 쪽으로 내려갔다. 시냇물에 사람의 뼈와 피가 떠다니는 것이 보였다. 청년은 몹시 놀랐다. 시내를 따라 올라가 봐야겠다고 생각했다. 시내를 따라 올라가니 시냇가에 아주 크고 굵은 나무 한 그루가 서 있었다. 나무 아래에 사람의 뼈와 피가 흐르고 있었다.

청년은 나무 있는 곳까지 가서 시험을 해 봐야겠다고 생각했다. 나무 밑에 앉아 잎사귀들로 몸을 가렸다. 얼마가 지났을까 시끄러운 소리가 들렸다. 사람의 고함 소리였다. 서쪽으로부터 여자의 고함 소리가 나는 것 같았다. 청년은 숨어서 가만히 기다렸다. 무언가 가까이 오고 있다는 것이 느껴졌다. 사악한 정령이 여자를 붙잡고 질질 끌고 오고 있었다. 여자는 큰 소리로 울부짖고 소리쳤다. 사악한 정령의 입에서 불길이 뿜어져 나오고 있었다. 서쪽으로부터 온 정령이 나뭇가지 위에 앉았다. 동쪽으로부터도 역시 사악한 정령이 돌아오고 있었다. 그의 눈은 불길로 이글거렸다. 동쪽에 있는 나뭇가지에 그 정령이 앉았다. 두 정령이 대화를 나누었다.

"네가 다녀온 곳에 무슨 좋은 소식 있어?"

동쪽에서 돌아온 정령이 말했다.

"나는 오늘 먼 곳을 다녀왔는데 아무것도 보지 못했어."

서쪽을 다녀온 정령이 말했다.

"나는 기름진 고기를 끌고 왔어."

청년은 둘의 대화를 잠자코 듣고 있었다. 둘은 아주 사악한 정령임에 틀림없다고 생각했다. 동쪽에 앉아 있는 자가 말했다.

"나는 이제껏 살아오면서 무서움을 느낀 적이 없는데 지금 웬일인지 몹시 두려워."

그는 그렇게 말한 후 날아가 버렸다. 서쪽에 앉아 있는 정령이 말했다.

"무슨 그런 쓸데없는 생각을 해?"

청년은 이 정령을 죽여야겠다고 생각했다. 뿔로 만든 활의 줄을 팽팽히 당겼다.

"그의 가슴을 정확히 뚫어라."

청년은 그렇게 말하며 활시위를 놓았다. 화살은 정확히 정령의 가슴에 맞았다. 사악한 정령이 소리쳤다.

"아이고! 아이고! 도대체 누가 나에게 화살을 쐈어? 나는 이 나무에 앉아서 누가 오는지 다 아는데 왜 내가 아무도 못 봤지? 아주 영리한 놈이 분명해."

사악한 정령은 그렇게 말한 후 여자를 떨어뜨렸다. 그리고 간신히 겨우겨우 날아올랐다. 청년은 여자를 잡으러 갔다. 여자는 다행히 살아 있었다. 청년은 여자를 붙잡고 소리를 지르며 흔들었다. 여자는 겨우 숨을 크게 내쉬더니 청년을 보았다.

"아! 아! 누구세요?"

청년은 여자에게 자초지종을 자세히 물었다.

"어디에 살았어요? 여기는 어떻게 오게 되었어요? 도대체 사악한 정령이 어떻게 당신을 끌고 왔어요?"

"저는 나무를 하러 갔어요. 나무를 하고 있는데 사악한 정령이 와서 갑자기 저를 붙잡았어요. 여기까지 어떻게 오게 됐는지는 모르겠어요."

"아가씨! 어떻게 집으로 갈 거예요?"

"어떻게든 여기를 벗어날 거예요. 당신은 어디로 가세요?"

"나의 석 사악한 정령을 찾아갑니다."

"당신의 적 사악한 정령은 아주 강하고 영리해요. 어떤 사람도 죽일 수 있어요."

"아무리 강하고 영리해도 반드시 찾아낼 거예요. 반드시 보고 싶어요."

"저는 결혼을 하지 않았어요. 저를 아내로 맞아 주세요."

"좋소. 내가 당신의 목숨을 구했으니까 당신을 아내로 삼겠소. 만일 내가 아니었으면 당신은 그 사악한 정령의 이빨 사이에 있었을 거요."

"아주 세게 화를 내세요. 그러면 당신의 적을 찾을 수 있을 거예요. 그때 저를 부르세요."

"알았소. 당신은 여기 이곳에 오래 머물면 안 돼요. 당신 땅으로 가시오. 내가 나의 땅으로 돌아가더라도 반드시 당신을 찾을 거요."

"알았어요. 부디 조심히 가세요."

"있는 힘을 다해 집으로 돌아가시오."

청년은 앞을 향해 계속 걸었다. 한참을 걷다가 해안가로 내려갔다. 바다표범 여덟 마리가 육지로 헤엄쳐 와서 서로 노는 모습이 보였다. 청년은 풀 속에 숨어 숨죽이고 바다표범이 노는 모습을 바라보았다. 바다표범들은 실컷 논 후 각자 자신의 덮개를 쓰고 다시 바다로 멀리 헤엄쳐 갔다. 청년은 숨죽이고 계속 그 자리에 있었다. 그때 바다표범 한 마리가 헤엄쳐 왔다. 아주 훌륭한 바다표범이었다. 청년은 그 바다표범을 잡고 싶은 생각이 들었다. 바다표범은 해안가에 오더니 덮개를 벗었다. 아주 아름다운 여자가 그 자리에 서 있었다. 청년은 여자 쪽으로 몰래 다가갔다. 아주 가까이 가서 뛰어올라 여자를 붙잡았다. 그러자 여자가 빠져나가려고 안간힘을 썼다. 청년이 말했다.

"어디를 가려고 안간힘을 쓰는 거요?"

"저는 이 땅에 오래 머물 수 없어요. 저는 바닷속 세계에 살아요."

"내가 당신을 잡은 이상 당신은 내 아내가 돼야 해."

청년이 그렇게 말하자 여자는 울음을 터뜨렸다. 청년은 여자를 달랬다. 여자가 말했다.

"당신이 나를 아내로 맞이하려면 제 부탁을 들어주어야 해요."

"좋소. 들어주겠소."

"저기 숲으로 가서 집을 만들어 주세요. 한쪽 벽은 전나무 가지로 다른 쪽 벽은 톱밥으로 지으세요."

청년은 숲으로 올라가서 집을 지었다. 청년이 여자를 불렀다.

"이리 올라오시오."

여자가 집으로 왔다. 청년과 여자는 함께 그 집에서 밤을 보냈다. 아침이 되자 여자가 말했다.

"여기에서 바다를 따라 위로 올라가면 절벽이 하나 있어요. 절벽 꼭대기에 호수가 있어요. 그 호수에 사악한 정령이 살아요. 제 부모님이 그 정령의 심장을 원하세요."

청년은 절벽을 향해 출발했다. 절벽에 도착하니 정말 호수가 있었다. 청년은 큰 나무를 베어 끝을 날카롭게 만든 후 고함을 쳤다.

"어디 사악한 정령아! 나타나 봐. 내가 너를 죽이려고 왔어."

청년의 말이 끝나기가 무섭게 사악한 정령이 모습을 드러냈다. 괴물은 호수만 한 입을 벌렸다.

청년이 말했다.

"입을 크게 벌려. 내가 그 입속으로 뛰어 들어갈게. 내가 입에 뛰어들면 재빨리 입을 꽉 다물어. 그리고 나를 삼켜."

청년은 즉시 사악한 정령의 입으로 뛰어들었다. 청년은 날카롭게 간 나무를 정령의 입속에 박았다. 그런 다음 정령의 심장을 꺼냈다. 청년은 꺼낸 심장을 아홉 조각으로 잘라서 던졌다. 그러자 바다표범 아홉 마리가 나타났다. 바다표범들은 청년이 던진 심장 조각을 삼킨 후 청년을 돌아보았다. 바다표범들이 말했다.

"젊은이! 바라던 것을 얻었어. 너무 행복해!"

청년은 자신이 지은 집으로 갔다. 집에서 여자가 물었다.

"어떻게 됐어요?"

"정령을 죽이고 심장을 꺼냈소. 바다표범 아홉 마리가 이제 행복하다고 고맙다고 말했소. 이제야 원하던 것을 얻게 되었다고 말했소."

여자가 말했다.

"저는 집으로 돌아갈게요. 당신은 여기서 나가면 아주 마법이 세게 걸린 땅을 따라가게 될 거예요. 그곳을 갈 때는 특히 몸조심하세요. 가다 보면 크게 소리를 지르는 한 노인을 만나게 될 거예요. 노인이 어디서 오는 길이냐고 물으면 연어가 당신에게 거의 다가왔다고 말하세요. 그리고 우리 땅에는 소금에 절일 통이 부족하다고 말하세요. 연어를 말리느라고 여자들이 모두 지쳤다고 말하세요. 노인이 당신을 부를 거예요. 당신이 배를 물가에 대면 노인이 이 다리를 지나가라고 말할 거예요. 그러면 지나가지 말고 노인더러 건너가라고 말하세요. 노인이 건너갈 때 다리더러 흩어지라고 말하세요. 그러면 노인이 당신을 쫓아오기 시작할 거예요. 계속 가다가 보면 작은 만이 나올 거예요. 거기는 물살이 굉장히 세요. 만을 돌아가면 바위가 하나 있어요. 손으로 잡을 만한 크기의 바위예요. 눕기에 편한 바위예요. 그 바위에 배를 대지 마세요. 그러면 바로 죽을 거예요. 더 계속 가면 마을이 하나 있어요. 그 마을에 당신의 적이 있어요. 어두워지면 마을의 해안가를 따라서 가세요. 제일 아래쪽 집에 머무세요. 집에 여장을 푼 후 공연히 마을을 돌아다니지 마세요. 당신을 숨어서 지켜보는 사람들이 아주 많아요. 그 마을의 주인이 바로 당신의 적이에요. 하인들이 당신을 알아보지 못하고 자신들의 주인이 힘센 사람과 만나기를 학수고대하고 있고, 이미 오래전부터 힘센 사람이 올 거라는 말을 했다고 말할 거예요. 그 마을에 도착하면 붉은 술을 찾도록 하세요. 술에 고양이 심장을 넣으세요. 그리고 사흘 동안 그대로 놔두세요. 당신이 적과 싸우러 가면 적이 당신에게 술을 따라 줄 거예요. 그때 그가 들고 있는 잔의 바닥을 잘 살펴보세요. 붉거나 파랗게 되면 받지 마세요. 그에게 먼저 마시라고 하세요. 그리고 당신의 술을 따라서 먼저 마시세요. 그러면 당신은 이제 사악한 정령과 겨룰 수 있을 거예요. 만일 겨룰 수 없으면 저를 부르세요."

청년은 사악한 정령과 싸우기 위해 떠났다. 청년은 정령의 집으로 들어갔다. 머리가 셋 달린 정령이 앉아 있었다. 청년이 집으로 들어오자마자 정령이 말했다.

"너는 아주 강한 사람이구나. 강한 용사구나. 바위 밑으로 던져도 부서지지 않을 것이고 산 밑으로 던져도 꿈쩍도 하지 않을 아주 강한 용사구나."

청년이 말했다.

"괴물아! 너는 땅 위에 살면서 인간보다 강하고 인간들을 죽이고 있어. 내가 이제 너에게 왔으니 어서 서로 힘을 겨뤄 보자. 너와 오래 얘기하고 싶지 않아. 여기 오는 동안 너무 많이 지쳤어. 몸도 많이 말랐어. 네 손의 힘을 이기지 못할 거야."

청년과 사악한 정령은 맞붙어 싸웠다. 청년은 사악한 정령의 뼈를 으스러지게 꽉 잡았다. 사악한 정령이 말했다.

"아이고! 아이고! 무슨 짓이야! 이제까지 수없이 많이 싸워 봤지만 이런 인간은 처음 만났어. 청년! 싸우려면 술을 마시자."

"좋아. 마시자."

사악한 정령은 술을 가지고 와서 잔에 따랐다. 청년은 잔의 바닥을 살펴보았다. 붉기도 했고 파랗기도 했다. 사악한 정령은 그 잔을 청년에게 주려고 했다. 청년이 말했다.

"무슨 짓이야? 네가 먼저 마셔!"

사악한 정령이 말했다.

"아니야. 네가 먼저 마셔. 내가 대접하는 거니까."

청년이 말했다.

"네가 나보다 더 크고 나이가 많으니까 먼저 마셔."

사악한 정령이 먼저 잔을 들이켰다. 정령은 어쩔 줄 몰라 했다. 청년이 보기에 정령은 완전히 다르게 변했다. 청년이 자신의 잔에 술을 따라 정령에게 주었다. 정령은 아무 말도 하지 않고 받아서 다 마셨다. 정령의 머리 두 개가 아래로 떨어졌다. 가운데 머리만 붙어 있었다. 조금 싸우다가 청년이 말했다.

"너와 싸울 생각이 없어졌어. 너는 이미 힘을 잃었어. 너는 지쳤어. 너를 붙잡아 정수리 위에서 아홉 번을 돌린 후 던질 거야. 천둥 치는 소리가 날 거야. 너는 서쪽 바다 한가운데 떨어지게 될 거야. 나는 너를 마치 갈대처럼 세 조각으로 부러뜨릴 거야."

청년이 사람들에게 말했다.

"여러분! 젊은 처녀들과 청년들! 내가 당신들 주인을 죽였소. 이제 내 땅으로 갑시다. 이 마을을 정복합시다. 거부하는 사람들은 통으로 짓누를 것이고, 원치 않는 사람들은 바구니로 짓누를 것이며 기뻐하는 사람들은 비단옷을 입혀 데려갈 것이오."

청년은 사람들을 이끌고 가다가 자신의 첫 번째 아내를 찾았다. 이제 자신의 고향에 도착했다. 청년은 양 손바닥을 세게 치고 입김을 불어 큰 집을 짓고 데려온 사람들을 여기저기 정착시켰다. 이제 청년은 바다 밑 왕국으로 아내를 데리러 출발했다. 청년은 바닷가로 내려갔다. 거기서 바다로 뛰어들었다. 얼마를 갔는지 몰랐다. 정신을 잃었다. 정신이 들어 보니 청년은 마차가 다니는 길을 뛰어가고 있었다. 가다가 한 남자를 만났다. 남자가 물었다.

"청년! 어디를 가는 거요?"

"아내를 데리러 가요. 아내가 어디에 있죠?"

"멀지 않은 데 있소. 이 길로 가면 마을이 나오는데 그 마을에 아내가 있을 거요."

청년은 마을로 가서 여기저기 다니며 아내를 찾았다. 아내 집으로 들어가니 세 여자와 한 남자가 있었다. 거기에서 하룻밤을 보냈다. 다음 날 아침 청년이 아내에게 말했다.

"서둘러요. 우리 집으로 갑니다."

"기다리세요. 서두르지 마세요. 제 부모님은 당신이 여기 온 것을 모르세요."

여자는 부모님을 부르러 갔다. 여자의 부모님이 왔다. 청년은 부모님과 인사를 나누었다.

"자! 내 딸을 데려가게."

청년은 결혼식을 성대히 치른 후 고향으로 떠났다. 아내가 물었다.

"어떻게 갈 거예요?"

"왔던 대로 갈 거요."

"당신은 잘생겼으니 저도 인간으로 변해서 당신과 함께 갈게요."

청년과 아내는 출발했다. 아내는 해안가에 와서 덮개를 벗은 후 청년의 집으로 함께 갔다. 청년에게는 아내가 둘이 됐다. 청년은 마을에서 제일 우두머리가 되었다. 청년의 이름은 용사라는 뜻을 지닌 바투리였다.

개구리와 쥐

옛날 옛적에 개구리와 쥐가 살았다. 그들에게는 아이들이 있었다. 개구리가 쥐에게 말했다.

"버찌 따러 가자!"

개구리와 쥐는 배에 올라탔다. 그들이 탄 배는 노 젓는 소리를 크게 내고 물을 튀기며 앞으로 나갔다. 개구리와 쥐는 한참을 가다가 벚나무 가까이 오자 배를 대기로 했다. 배는 삐걱거리는 소리와 함께 큰 소리를 내며 해안가에 멈춰 섰다. 개구리와 쥐는 나무가 있는 곳으로 올라갔다.

개구리는 땅에 서서 어떻게 나무로 올라가서 열매를 딸 수 있을까 생각하며 위를 바라보았다. 그런데 쥐는 나무로 이미 올라가서 열매를 따고 있었다.

그것을 본 개구리가 말했다.

"쥐야! 나도 아이들에게 열매를 가져다주고 싶어. 하나만이라도 던져!"

쥐가 열매를 던졌다. 개구리는 지체하지 않고 열매를 바로 삼켜 버렸다. 개구리는 또 쥐에게 열매를 달라고 부탁했고 쥐는 또 던져 주었다. 개구리는 또 바로 삼켜 버렸다.

조금 후 쥐가 나무에서 내려왔다. 쥐에게는 열매가 가득

했으나 개구리에게는 열매가 하나도 없었다. 쥐가 개구리에게 물었다.

"내가 준 열매는 다 어디에 있어?"

개구리는 배 앞머리 노를 젓는 자리에 앉아서 크게 트림을 해 댔다. 쥐는 열매를 자루에 담았다. 개구리와 쥐는 집으로 출발했다. 개구리와 쥐는 소란스러운 소리를 내고 물 튀기는 소리와 함께 해안가에 배를 댔다.

개구리와 쥐의 아이들이 기뻐하며 해안가로 내려왔다.

"열매를 따 온 엄마들을 도와 배를 해안가에 끌어다 매어 놓자!"

쥐의 아이들은 기뻐하며 집으로 갔다. 그러나 개구리의 아이들은 울며 집으로 갔다.

개구리는 생각했다.

'두고 봐. 쥐야. 너도 나에게 부탁할 일이 생길 거야.'

개구리는 그렇게 생각한 후 집으로 갔다. 며칠이 지났다. 어느 날 개구리 집 마당으로 사슴 한 마리가 들어왔다. 큰 창고만 한 사슴이었다. 개구리가 송곳을 가지고 나와 사슴의 코로 뛰어올랐다. 개구리는 있는 힘을 다해 사슴을 송곳으로 찔렀다. 결국 사슴은 죽었다. 아주 크고 기름진 사슴이었다. 개구리는 아주 힘겹게 사슴의 고기를 잘랐다.

쥐의 아이들이 말했다.

"아이고! 부러워라. 개구리의 아이들이 사슴 고기를 끌고 다니며 놀고 있네."

쥐가 아이들에게 말했다.

"우리 밤에 고기를 가지러 가자."

밤에 쥐와 아이들은 고기를 가지러 창고로 몰래 숨어들었다. 그런데 개구리가 막대기로 쥐를 때렸다. 쥐는 허리가 부러졌다. 그러자 쥐는 고통스러워 집으로 돌아가 버렸다.

다음 날 아침 쥐의 아이들이 개구리에게 와서 말했다.

"지난밤 엄마가 허리를 다쳤어요. 조언을 구하려고 왔어요."

무슨 조언을 들을 수 있겠나. 개구리 자신이 때렸는데.

다음 날 아침 쥐의 아이들이 열매가 든 자루를 끌고 개구리네 집으로 왔다.

"엄마가 이거와 고기를 바꿔 오라고 했어요."

개구리가 말했다.

"바꾸지 않을 거야. 네 엄마는 열매를 아까워하니 혼자서 먹으라고 해. 가져가!"

쥐의 아이들은 집으로 돌아갔다.

그 후 개구리와 쥐는 그렇게 살았다. 아직까지 살고 있다.

개구리 아이

노인이 여자와 단둘이 살았다. 두 사람은 얼마 동안 함께 살다 부부가 되었다. 여자는 아이를 낳았다. 그런데 사람이 아니라 개구리를 낳았다. 개구리가 태어났으니 어떻게 하겠나? 아내는 운명에 순응해 아이를 어쩔 수 없이 받아들였다. 개구리로 태어난 아이는 잘 자랐다.

여자의 남편은 목수였고 여러 지역을 다니며 일을 했다. 아내는 집에 혼자 남아 있는 날이 많았다. 하루는 시간이 많이 지났는데도 남편이 돌아오지 않자 아내는 남편을 걱정하기 시작했다. 여자는 남편을 찾아 나서야겠다고 생각했다. 개구리 아이는 어머니 가까이에서 어머니를 바라보며 개굴개굴 울어 댔다.

"무슨 일이니? 너는 나랑 말할 수 있다고 생각하는 거니?"

아이는 마치 어머니의 말에 답변이라도 하듯 계속 개구리 울음소리를 냈다.

어머니가 개구리 아이에게 물었다.

"아버지에게 가려고?"

아이는 답변 대신 머리를 끄덕이며 개굴거렸다.

어머니는 승낙했다. 어머니는 개구리의 등에 아주 작은

보따리를 만들어 짊어지도록 했다. 보따리 안에 바늘과 실, 물고기 껍질로 만든 실을 넣었다. 그러자 개구리 아이는 사람처럼 문을 열고 밖으로 나가 출발했다. 개구리는 아버지를 찾아 떠났고 어머니는 집에 남았다. 얼마의 시간이 흘렀다.

개구리의 아버지는 목수 일을 하고 있었다. 한번은 도끼로 나무를 내려쳤으나 아무런 결과가 없었다. 이번에는 자작나무 껍질이 튀어 올랐다. 다시 도끼질을 하자 개구리 한 마리가 나타났다. 도대체 어디서 나타난 개구리란 말인가? 아버지는 개구리를 보았다. 자세히 살펴보니 등에 무언가가 매달려 있는 것 같았다. 개구리 등에 매달려 있는 것을 벗기니 바늘과 실, 물고기 껍질로 만든 실이 나왔다.

"어디에서 왔니?"

"개굴개굴."

"내 아이가 맞지? 엄마가 보냈니?"

"개굴개굴."

남자는 생각했다.

'아내가 우리 개구리 아이를 이리 보낸 게 틀림없어.'

남자는 개구리에게 무언가를 주어서 아내에게 보내기로 했다.

남자가 개구리에게 이것저것 캐물으면 개구리는 개굴개

굴했다. 며칠이나 지났을까. 이틀이 지났다. 사흘이 지났다. 계속 남자가 이것저것 캐물어도 개구리는 똑같이 개굴개굴 했다. 남자는 비단실 한 꾸리와 그냥 실 한 꾸리를 준비했다. 그리고 또 다른 종류의 실몽당이를 개구리의 등에 묶었다. 개구리는 서둘러 나간 다음 몸을 돌려 아버지에게 절을 하고 손을 흔들었다. 개구리는 조금 가다가 뒤를 돌아서 같은 길을 따라 걸어갔다. 조금 후 개구리는 완전히 사라졌다.

개구리의 아버지는 하던 일을 계속해서 했다. 주문받은 일을 다 끝내고 일한 값을 받았다. 돈 대신 음식을 받았다. 밀가루와 곡식을 받았다. 돈 대신 옷감을 받았다. 개구리의 아버지는 이제 집으로 가야겠다고 생각했다. 개구리의 아버지는 집으로 출발했다.

한편 개구리는 어머니에게 돌아왔다. 아버지가 준 것을 가지고 왔다. 실몽당이 세 종류를 가지고 왔다. 비단실과 그냥 실, 수달 모피 조각을 가지고 왔다. 개구리는 가지고 온 모든 것을 어머니에게 보인 후 아버지에게 절을 한 것과 작별 인사 한 것을 이야기했다.

얼마 후 개구리의 아버지가 돌아왔다. 아버지는 개구리 아이를 보고 기뻐했다. 선물을 가지고 왔다.

어느 날 밤 개구리의 아버지와 어머니가 잠시 잠이 들었다가 깼다. 집 안은 마치 등을 켜 놓은 것처럼 밝았다. 어디서 빛이 나는 걸까? 아무리 둘러봐도 아무것도 없었다. 개구리는 구석에서 잠을 자고 있었다. 그런데 구석에서 비단옷과 이불, 요가 빛나고 있었다. 개구리가 입고 있는 옷과 덮고 깔고 자는 이불과 요 때문에 빛이 났던 것이다. 개구리의 부모는 매우 기뻤다. 그들은 아주 기뻤지만 아무것도 건드리지 않았다. 그저 바라만 보다가 다시 잠이 들었다.

다음 날 아침 부부는 평소처럼 일어났다. 개구리를 보고 기뻐했다. 개구리가 남자아이가 되어 있었다. 열여덟 살의 아들이 되어 있었다. 그 후 부부는 개구리였던 영리한 아들과 함께 부자로 지금까지 살고 있다.

청년과 호랑이

한 노인이 마을에 살고 있었다. 노인에게는 아들이 하나 있었다. 동네 사람들이 사냥을 갈 때 청년과 함께 가겠다고 노인에게 말했다. 어느 날 아홉인가 여덟 명이 사냥을 갔다. 타이가 숲으로 가서 겨울을 나기 위한 초막을 지었다. 사냥꾼들은 오랫동안 사냥을 했다. 청년은 아무것도 할 줄 몰랐다. 자신을 지키기 위해 경계만 할 따름이었다. 그래 가지고 무슨 짐승을 잡겠나? 같이 간 사냥꾼들이 담비를 사냥했다. 어느 날 아침 사냥꾼들은 문밖에 호랑이 세 마리가 있는 것을 보았다. 밖으로 나가기가 무서웠다. 가장 연장자가 말했다.

"안 돼. 밖으로 나가면 안 돼."

며칠 후 연장자는 호랑이들이 한 사람을 내놓으라고 하는 꿈을 꾸었다.

"우리 사냥 모자를 밖으로 던지자. 호랑이들이 집는 모자의 주인이 바로 호랑이가 원하는 사람이야."

사냥꾼들은 문 앞에 모자를 내놓았다. 청년의 모자만 없어지고 나머지 모자는 그대로 있었다. 사냥꾼들은 짐을 꾸렸다. 청년에게 줄 음식과 청년의 물건을 남겨 놓고 사냥꾼들은 모두 떠났다. 청년 혼자 남겨졌다.

사냥꾼들이 모두 떠나자 청년은 무엇을 해야 할지 모른 채 아무 말 없이 있었다. 호랑이들은 사람들이 떠나자마자 집으로 와서 문 앞에 있었다. 청년은 꿈을 꾸었다.

"우리를 무서워하지 마. 네가 물을 길으러 갈 때나 나무를 하러 갈 때나 우리가 너를 도와줄게."

청년은 밖으로 나가 나무를 하러 갔다. 호랑이들이 직접 나무를 집으로 가지고 왔다. 청년은 물을 길으러 갔다. 역시 호랑이들이 물을 직접 길어 왔다. 호랑이들이 말했다.

"내일 우리와 함께 가자."

다음 날 아침 청년은 음식을 해서 호랑이들을 먹이고 자신도 먹었다. 식사를 마치자 한 호랑이가 청년에게 자신의 등에 타라고 말했다. 청년은 호랑이 등에 탔다. 한참을 가다 호랑이가 멈췄다. 청년은 그곳에서 하룻밤을 보냈다. 다음 날 아침 호랑이가 사슴을 사냥해서 가져왔다. 호랑이들은 날고기를 먹고 청년은 구워서 먹었다. 호랑이가 말했다.

"짐을 챙겨. 우리의 주인이 어딘가에 있어. 거기에 호랑이 수백 마리와 함께 있어. 우리의 주인은 산에 있는 흙구덩이 속에서 나타날 거야. 우리의 주인이 처음으로 구덩이에서 나오자마자 으르렁거리면 사람들은 모두 쓰러질 거야. 조금 후에 사람들이 다시 일어날 거야. 얼마 후 다시 우리의 주인이 다시 나와서 으르렁거릴 거야. 조금 후 사람들은 고개를 들 거야."

이제 호랑이 왕은 세 번째로 나타났다. 호랑이는 아직 으르렁거리기 전에 청년에게 고개를 돌렸다. 청년이 호랑이 왕의 가슴 한가운데를 향해 화살을 쏘았다. 호랑이는 화살에 맞자마자 뒤로 넘어졌다. 호랑이 왕은 흙구덩이 속으로 달아나서 완전히 사라져 버렸다. 호랑이 왕이 사라지자 수많은 호랑이가 구덩이에서 올라와 청년에게 절을 했다. 청년을 데리고 온 호랑이 세 마리가 청년에게 다가와 옆에 나란히 섰다. 청년은 한 호랑이 등에 탔다. 호랑이들은 청년을 다시 뒤로 데려갔다. 청년이 자신들에게 돌아오자 많은 호랑이들이 줄곧 청년에게 절을 했다. 청년은 자신의 사냥터 집으로 들어갔다. 이제 그는 아무것도 두렵지 않았다. 잘 지냈고 좋은 꿈을 꾸었다. 항상 꿈을 꾸었다. 꿈속에서 누군가가 말했다.

"너는 호랑이들의 왕을 죽였어. 멀리 가지 말고 집 근처에서 털 짐승을 사냥해. 눈 위에 짐승들의 발자국이 있어. 그 발자국 위에 네 사냥 장비를 설치해. 많은 짐승을 잡게 될 거야."

아침이 되자 청년은 기뻐서 숲으로 갔다. 사냥 도구를 세우고 나서 얼마 후 가 보니 담비, 여우, 수달이 눈 위에 나란히 죽어 있었다.

집에 온 호랑이 세 마리 중 한 마리만 남았다. 호랑이 한 마리만 청년과 함께 집에서 살았다. 나중에 알고 보니 그 호랑이는 여자였다. 여자가 말했다.

"이 담비와 여우, 수달을 한곳에 모으세요. 얼마의 모피는 중국인들에게 가져가서 곡식과 옷감으로 바꾸고, 나머지는 당신과 내 몫으로 남겨 놓으세요."

청년은 집으로 갔다. 자루에 모피를 가득 채우고 사냥한 짐승을 가지고 집으로 갔다.

사람들이 와서 말했다.

"네가 사냥을 떠난 후 시간이 많이 지났어."

"아주 고통스러웠어요. 저 혼자 타이가에 남겨졌어요. 저는 죽을힘을 다해 돌아왔어요. 아주 고통스러웠어요. 심한 굶주림을 겪었어요. 길을 잃고 헤맸어요. 길을 잃고 헤매다 겨우 돌아왔어요."

청년은 여름에 중국인들이 사는 곳으로 갔다. 온갖 물건을 샀다. 옷과 옷감, 음식을 한가득 사서 돌아왔다.

가을이 되자 다시 사냥을 하러 타이가로 갔다. 세 번 타이가를 다녀왔다. 청년은 아주 부자가 되었다.

하루는 호랑이 여자가 말했다.

"집에 돌아가거든 청혼을 하세요. 사람들이 경멸하고 싫

어하는 여자에게 청혼을 하세요. 그 여자와 결혼하세요."

청년은 그 여자와 결혼했다. 아내는 세 아이를 낳았다. 청년은 다시 숲으로 갔다. 숲에 남아 있던 호랑이 여자는 두 아이를 낳았다. 숲의 여자가 말했다.

"됐어요. 이제 집으로 가세요. 도착하면 큰 집을 지으세요. 그러면 제가 당신 뒤를 따라갈게요."

청년은 집으로 돌아왔다. 그의 아내는 아주 아름다운 여인이 되어 있었다. 모두 아내의 아름다운 외모를 질투했다. 얼마 후 호랑이 아내가 집으로 왔다. 그 이후 그들은 아주 잘 살았다.

소년과 사악한 여우 정령

한 부유한 노인에게 아들이 하나 있었다. 노인은 아들에게 아무 일도 시키지 않았다. 아들은 집의 절반이나 되는 방을 혼자 썼다. 노인과 아내는 아들이 원하는 것이면 무엇이든 다 구해서 가져다주었다. 음식도 방으로 날라다 주었다. 아들은 밖에 나가지 않았다.

어느 날 노인은 아들이 매일 점점 말라 가고 있는 것을 느꼈다. 얼굴은 창백하고 핏기가 없었다. 저녁이 되자 노인과 아내는 문틈으로 아들의 방을 들여다보았다. 어디선가 예쁜 여자가 나타났다. 여자는 비단옷을 입고 있었다. 여자는 작은 상자를 꺼내서 펼쳐 큰 침대를 만들었다. 노인의 아내는 아마도 여우의 사악한 정령이 여자로 둔갑한 게 틀림없다고 생각했다. 아들과 여자는 잠자리에 들었다. 아들이 잠들자 여자는 일어나서 풀로 만든 막대를 들어 아들의 가슴에 꽂고 피를 빨았다. 노인과 아내는 여자가 피를 빨 때 꿀꺽거리는 소리를 들었다. 아들은 그래도 잠을 자고 있었다.

노인은 여우 악령이 붉은 것을 무서워한다는 소리를 들었다. 그래서 붉은 비단을 잘라 사방에 걸어 놓았다. 그런데 화덕 앞에 걸어 놓는 것을 잊었다.

붉은 여우로 변한 여자는 회오리바람을 일으키며 집 안을 뛰어다녔다. 여우는 화덕에 있는 구멍을 통해 밖으로 달아났다.

노인과 아내는 아들에게 다가가 흔들었다. 아들은 바싹 마른 채 죽어 가고 있었다.

노인은 청년 두 명과 함께 여우 악령을 뒤쫓았다. 노인은 오랫동안 걸어서 지쳤다. 노인이 말했다.

"너희는 젊으니 계속 쫓아. 난 여기서 좀 쉬었다 갈게."

노인은 모닥불을 피우고 물을 끓였다. 아내가 스키를 타고 불 쪽으로 오는 것이 보였다. 노인은 아내를 보고 놀랐다. 노인은 자신의 아내가 맞는지 아닌지 알 수 없었다. 아내가 다가와 스키를 벗으며 말했다.

"당신이 쉬고 있어 다행이에요. 당신을 만날 수 있어서 다행이에요. 당신에게 주려고 먹을 것을 가져왔어요."

노인은 생각했다.

'아내가 맞나?'

노인은 생선알을 어떻게 먹는지를 보면 여우 악령을 알아낼 수 있다고 한 나이 든 사람들의 말이 떠올랐다. 여우는 입에 붙은 생선알을 손톱으로 뜯어 먹는다고 들었다.

노인은 생각했다.

'여우 악령은 사람들을 속여서 죽인다.'

노인은 짐에서 말린 생선알을 여자에게 주었다. 여자는 알을 먹었다. 입에 붙은 알을 손톱으로 뜯어 먹었다. 노인은 칼을 꺼내 여자의 가슴을 찔렀다. 붉은 여우로 변한 여자는 죽어서 쓰러졌다. 노인은 위를 향해 총을 세 번 쏘아 청년들을 불러들였다.

조금 후 청년들이 와서 여우를 들고 집으로 향했다. 저녁이 되어 집으로 돌아왔다.

여우의 피를 아들의 몸에 문지르자 아들이 깨어났다. 아들은 눈을 뜨고 말했다.

"오늘은 오래 잤어. 왜 이렇게 오래 잤지? 무슨 일이 있었나?"

그러자 사람들이 아들에게 먹을 것을 주었다. 사람들은 모두 나갔다.

거지가 왕이 된 이야기

한 마을에 거지 남자가 힘들고 가난하게 살았다. 남자는 하루 종일 먹을 것을 구걸하러 다녔다. 자루를 등에 지고 온 마을을 돌아다녔다. 그렇게 구걸해서 얻은 음식을 먹었다. 기지 남자는 그렇게 살았다.

거지 남자는 숲으로 올라가 나무를 해서 그 나무를 팔거나 건초를 베어서 내다 팔아 생계를 유지했다. 남자는 그렇게 마을을 다니다가 돌 하나를 발견했다. 돌 가운데 구멍이 있었다. 남자는 돌을 강에 던져 얼음을 깨야겠다고 생각했다. 남자는 돌로 오랫동안 얼음을 뚜드려 마침내 얼음에 구멍을 뚫었다. 구멍을 뚫자마자 이마에 표식을 한 남자 두 명이 구멍 속에서 나타났다.

"이 거지야! 네가 무슨 권리로 얼음을 깨니? 네가 얼음을 깨는 바람에 우리 마을이 완전히 가라앉게 생겼어. 우리 주인님이 그만 깨라고 하셔. 원하는 것을 다 주겠다고 하셔."

거지 남자가 말했다.

"금과 은을 실은 마차 열다섯 대를 가져와. 만일 가져오지 않으면 내가 병사 150명을 데리고 와서 얼음을 깰 거야."

이마에 표식을 한 남자들이 말했다.

"좋아. 가져올게."

거지 남자가 말했다.

"빨리 가져와. 준비하고 기다릴게."

얼마 후 금과 은을 실은 마차 열다섯 대가 거지 남자의 집에 도착했다. 이제 거지 남자는 부자가 되었다. 거리를 떠돌던 거지 남자가 이제 좋은 물건만 사고 좋은 음식만 먹었다. 마을 사람들은 거지가 부자가 된 것을 보고 모두 놀랐다.

어느 날 남자가 생각했다.

'또 얼음을 깨러 강에 가야겠다.'

남자는 돌을 어깨에 메고 강으로 내려가 얼음을 깼다. 계속 얼음을 뚜드려 구멍을 뚫었다. 그때 남자 두 명이 나타났다.

"이 거지야! 무슨 권리로 얼음을 깨니? 우리 왕이 네가 그렇게 세게 얼음을 깨면 너와 싸울 거라고 하셨어."

남자가 말했다.

"싸우고 싶으면 싸워야지. 내가 병사 1400명을 데려와서 강에 전부 구멍을 뚫을 테다."

이마에 표식을 단 남자들은 아무 말도 하지 않고 다시 물속으로 들어갔다. 남자는 마을로 돌아가 왕에게 가서 말했다.

"우리에게 재앙이 닥칠 것입니다. 우리는 전쟁을 해야 할

것입니다. 제게 병사 1400명을 주십시오. 만일 금과 은을 원하시면 다 드리겠습니다."

왕은 자신의 군사를 남자에게 주었다. 대신 왕은 금과 은을 실은 마차 50대를 달라고 했다. 남자는 그렇게 하겠다고 했다. 군사 1400명이 강으로 내려가서 사방으로 흩어졌다. 군사들은 물속에서 사람들이 나오기를 기다리며 만반의 준비를 하고 있었다.

그때 이마에 표식을 한 남자들이 나타났다.

"거지야! 우리 왕을 살려 줘."

"금과 은을 실은 마차 150대를 보내. 만일 보내지 않으면 어떻게 될지 알지? 내 군사들 보이지? 군사들은 내 말 한마디면 움직일 준비가 되어 있어. 왕에게 가서 그 거지에겐 군사가 아주 많고 전투할 준비가 되어 있다고 말해."

그러자 남자들은 다시 물속으로 들어갔다. 얼마 후 금과 은을 실은 수많은 마차가 거지의 집에 도착했다. 하루 종일 걸려 도착했다. 거지의 집은 금과 은으로 가득 찼다. 거지는 아주 부자가 되었다.

거지 남자는 생각했다.

'재산을 죽을 때까지 다 쓰지 못할 거야.'

남자는 왕의 딸에게 청혼을 해야겠다고 생각했다. 남자는 왕에게 가기 위해 출발했다. 궁전 문 앞에 병사 두 명이 지키고 있었다.

“거지야! 무슨 일로 왔어?”

“왕에게 드릴 말씀이 있어서 왔어요.”

한 병사가 왕에게 물었다.

“거지가 들어오기를 청하고 있습니다. 드릴 말씀이 있다고 합니다.”

“그를 데리고 오너라.”

남자는 들어오자마자 왕에게 절을 했다.

“무슨 일로 왔느냐?”

“중요한 소식을 가져왔습니다.”

“중요하건 중요하지 않건 어서 말하라!”

“공주님에게 청혼을 하러 왔습니다.”

왕은 고개를 숙였다가 다시 고개를 들고 말했다.

“내가 수락을 하면 무엇을 해 줄 거니?”

“저는 어디론가 떠날 것입니다. 그러면 금과 은으로 가득 찬 제 집은 주인 없이 남겨지게 될 것입니다. 그래서 집을 지킬 아내를 찾고 있습니다. 공주님에게 청혼을 하고 싶습니다.”

“잔치 준비를 해라. 잔치가 사흘 낮과 밤 동안 열릴 거다.”

“사흘은 적습니다. 보름은 해야지요.”

남자는 잔치 준비를 다 했다. 하루 종일 잔치가 열렸다. 왕은 남자를 사위로 맞았다. 왕은 다음 날 딸을 남자네 집에 데려다주었다. 거기서 잔치가 열렸다. 왕이 말했다.

"금과 은은 필요 없어. 네가 강하다면 내 부탁을 들어줄 수 있을 거야. 마법의 나무가 있어. 네가 그 나무를 찾아 주면 다른 것은 아무것도 필요 없어."

"아무리 힘들어도 제가 반드시 찾겠습니다. 아내를 얻은 보답을 해야지요."

거지 남자가 아내에게 물었다.

"그 나무는 어디에 있어?"

"그 나무를 가져오려면 아주 멀리 가야 해요. 당신이 과연 갈 수 있겠어요?"

"아무리 힘들어도 갈게. 열여덟 밤이 걸려도 갈게."

거지 남자는 18일 동안 먹을 음식을 준비해서 아내가 알려 준 곳으로 떠났다. 거지는 나무를 찾았다. 그러나 왕에게 말하지 않고 궁전 마당에 나무를 세워 놓았다. 거지가 집으로 들어가자 아내가 물었다.

"나무를 가지고 왔어요?"

"가지고 왔어. 그 나무가 정말 중요한 거야? 절반은 금이고 절반은 은으로 된 나무야. 가지마다 종들이 달려 있고 잎사귀마다 북이 달려 있어. 밤에 보면 밝게 빛나."

왕이 거지를 불렀다. 거지가 왕에게 올라갔다. 왕이 말했다.

"나에게 필요한 나무를 네가 진짜로 가져왔구나. 그 누구도 그 나무를 가져올 수 없었어. 그래서 내가 너에게 그 나무를 가져오라고 한 거야. 이제 내 대신 네가 왕이 될 거다."

거지는 왕이 되어 마을을 통치하게 되었다. 병사들은 모두 거지의 지휘하에 놓였다. 거지는 위대한 왕이 되었다. 그에게는 금과 은이 많았다.

첸투세

한 마을에 남편과 아내가 살고 있었다. 남편은 강에서 펄쩍펄쩍 뛰어 올라오는 물고기를 잡았다. 커다란 짐승이 남자가 다니는 길을 가로막을 때도 있었으나 남자가 장작을 쌓아 두는 길은 가로막지 않았다. 짐승들은 훌륭한 사냥꾼인 남자가 무서워 남자를 피해 갔다. 그렇게 남편과 아내는 부유하게 살았다. 남편은 부유하게 살며 숲에서 짐승들을 사냥해서 집으로 끌고 왔다.

남자가 사냥을 다니는 길에 크고 굵은 나무가 하나 있었다. 나무 꼭대기에 독수리 한 마리가 앉아 있었다. 독수리가 남자에게 말했다.

"첸투세! 네 생명은 이제 다했어. 이제부터 짐승 사냥을 그만둬. 한 남자가 네 아내를 곧 데려갈 거야. 너는 아내 없이 홀로 남겨지게 될 거야. 너는 아무것도 사냥하지 못할 거야. 오직 아내 덕분에 사냥을 해서 얻게 된 거야."

남자는 독수리가 하는 말을 듣고 너무 놀랐다. 그는 독수리의 말을 들은 후 가만히 서서 생각했다.

'비록 아내가 없더라도 정신을 바짝 차려야지. 아무 일도 생기지 않을 거야.'

남자가 독수리에게 말했다.

"지금 즉시 활을 당겨 너를 한 방에 날려 버릴 거야."

남자는 허리춤의 화살통을 잡고 활과 화살을 들어 올려 시위를 당겼다.

독수리가 말했다.

"아이고! 무슨 짓을 하는 거야? 나를 죽이려고? 나는 그저 사실을 이야기해 주려고 왔어. 그럼 지금 집으로 돌아가 봐. 과연 아내가 있는지 없는지."

남자는 집으로 돌아갔다. 남자는 스키를 신은 채 큰 소리를 내며 문 앞으로 다가갔다. 한쪽 발에 신은 스키를 벗고 다시 다른 쪽 발에 신은 스키를 벗으며 안으로 들어갔다. 남자는 여기저기 걸어 다니며 살폈다. 아내는 없었다. 강가 중간에 사향노루의 발자국이 있었다. 한 번 뛴 자국이 있었다. 다음에 또 한 번 뛴 자국이 있었다. 딱 세 번 뛴 자국이 있었다. 그게 전부였다. 어디로 아내를 끌고 갔는지 도저히 알 수가 없었다. 무슨 일이 생겼던 것일까?

남자는 닥치는 대로 먹을 것을 챙겼다. 무엇이든 먹을 것을 숨겨야만 했다. 남자가 강가 중간으로 내려가서 말했다.

"빌어먹을!"

남자는 주문을 외웠다.

"자라나는 아이들과 강 위를 따라 걷는 사람들이 내버려진 아궁이에 불을 땔 거야. 강 아래를 따라 걷는 사람들이 내 버려진 아궁이에 불을 땔 거야."

남자가 말했다.

"눈보라야! 불어라!"

눈이 쉬지 않고 내리기 시작했다. 마을도 모두 사라지고 남자의 집도 사라졌다. 모두 눈보라에 날아가 버렸다. 남자는 여기저기 놓인 스키를 타고 다른 쪽으로 갔다. 바다를 바로 건너가야만 했다. 한 마을에 도착했다. 마을에는 사람들이 많았다. 벌써 사람들은 바다표범을 사냥하러 바다로 떠날 준비를 하고 있었다. 남자가 해안으로 내려가서 말했다.

"배에서 물이라도 퍼내게 해 주세요. 저를 데려가 주세요!"

사람들은 화를 내며 이미 배가 만원이라 더 이상 태울 수 없다고 말했다. 남자는 끈질기게 부탁했고 마침내 간신히 배에 올라탔다. 남자를 태운 배는 떠났다. 어디론가 갔다. 남자는 그렇게 배를 타고 갔다. 아내가 떠난 길을 알지도 못하고 그렇게 갔다.

자! 남자는 그렇게 가도록 내버려 둬라.

한편 사향노루가 남자의 아내를 데리고 갔다. 사향노루는 여우가 되었다. 여우로 되었다가 나중에는 사나운 곰이 되었다. 그렇게 아내를 데리고 갔다. 산을 수없이 많이 넘고 바다를 수없이 많이 건넜다. 사향노루는 바다를 건너 계속 가다가 말했다.

"내가 이제까지 무엇을 한 거야? 겨드랑이에서 날개가 나왔으면 좋겠다고 생각할걸. 날려고 해 볼걸."

진짜 사향노루가 날개가 자랐으면 좋겠다고 생각하고 겨드랑이를 만지자 놀랍게도 날개가 생겼다. 사향노루는 기뻐하며 봄의 태양과 가을의 태양 사이를 날개를 흔들며 날아갔다. 어디론가 그렇게 계속 날아갔다.

사향노루는 파도가 치는 곳에 도착했다. 파도가 바다 밑 구멍을 때렸다. 파도가 하늘까지 철썩거렸다. 무언가 파인 것 같기도 하고 무언가 솟은 것 같기도 했다. 사향노루는 다리로 물을 철벅거리며 파도를 뛰어넘었다. 노루가 파도를 뛰어넘자마자 꼬리와 머리가 세 개 달린 용이 반쯤 모습을 드러냈다. 그리고 여자를 삼켰다. 여자는 아무 흔적도 없이 사라졌다.

얼마 후 여자가 정신이 들었다. 바닷가에서 눈만 깜빡거렸다. 용은 음식을 먹기도 했고 무언가를 했다. 여자는 무엇을 해야 할지 곰곰이 생각하며 울면서 간신히 땅 쪽으로 기어갔다.

여자는 앉아서 울었다.

"빌어먹을! 한밤중에 남편의 이름을 부르는 것은 금기였어. 내 남편은 내가 여기에서 이렇게 울고 있는 것을 아마 알 거야."

여자는 그렇게 말하며 울었다. 자신의 출생에 대해 말하며 울었다. 그때 여우 한 마리가 바닷가로 내려왔다. 여자는 여우의 등에 탔다.

굉음과 함께 여우는 출발했다. 한참을 가고 또 갔다. 하늘이 밝았다가 어두워졌다. 검은 구름이 몰려오기도 하고 우박이 떨어지기도 했다. 이쪽을 봐도 사람 뼈가 버려져 있었고 저쪽을 봐도 사람 뼈가 버려져 있었다. 온통 사람 뼈가 뒹굴고 있었다. 어떻게 여기를 빠져나간담?

기어서 빠져나갈 수밖에 없었다. 구멍이 있었다. 그렇게 갈 수밖에 없었다.

여자는 저쪽에서 크게 울었다.

"빌어먹을! 내가 태어난 집의 머리가 세 개 달린 장승아! 나를 구해 줘."

여자가 말을 마치기도 전에 그녀 앞에 발굽 소리와 함께 장승이 나타났다.

"나를 여기에서 기어서 나가게 해 줘!"

"그래. 기어가!"

"알았어. 통과했어."

여자는 순식간에 기어 나갔고 구멍을 단단히 막아 버렸

다. 날은 어두워졌고 해도 없고 달도 없고 아무것도 없었다. 별들이 반짝였다.

여자는 어둠 속에서 어딘가를 따라 계속 갔다. 검은 구름이 땅과 하나가 되었다. 검은 구름과 땅 사이를 계속해서 갔다. 바닷가에서 한 노인이 땀을 뻘뻘 흘리며 무언가를 끓이고 있었다. 여자는 무언가를 끓이고 있는 노인에게 다가가서 말했다.

"할아버지! 무얼 끓이세요?"

"가까이 와. 차를 끓이고 있어. 와서 차를 마셔!"

여자가 노인에게 갔다. 온통 땀에 젖은 노인은 알고 보니 소금을 끓이고 있었다. 노인이 말했다.

"남편 소식을 듣고 싶지 않아? 당신 남편은 저 바닷가에서 배를 만들었어. 노 여덟 개를 만들었어. 곧 이리 올 거야. 태양이 뜨는 쪽에 큰 곶이 있어. 거기 가서 기다려. 그러면 만날 수 있을 거야."

노인은 말을 마치고 사라졌다. 노인이 사라짐과 동시에 아무도, 아무것도 남지 않고 다 사라지고 여자 혼자 남았다. 손을 만져 보았다. 제자리에 있었다. 다리를 만져 보았다. 제자리에 있었다. 머리도 제자리에 있었다. 모든 것이 다 정상이었다.

"이제 나는 뛰어갈 수 있어요. 무엇이든 할 수 있어요."

여자는 출발했다. 걸어서 출발했다. 계속해서 걸었다. 뻐꾸기 둥지 같은 것이, 붉은 공이 떨어졌다. 힘들이지 않고 그 공을 왼손으로 잡고 팔을 쭉 뻗은 채 숲으로 올라갔다. 계속해서 올라갔다. 올라가고 있을 때 저 멀리 땅끝에서 배가 다가오고 있었다. 서로 사이좋게 노를 저으며 오고 있었다. 여자는 곶의 끝에 앉았다. 거기에 앉아서 울다가 소리를 지르다가, 또 울다가 소리를 질렀다. 그렇게 여자는 앉아 있었다. 그저 앉아 있었다. 배는 이미 곶을 돌아가고 있었다. 배가 곶을 돌아가자마자 여자는 울음을 터뜨렸다. 여자는 노래하고 소리를 지르기 시작했다.

배는 여자가 있는 반대편에 멈추었다. 배는 조약돌에 부딪치며 여자의 맞은편 해안가에 멈추었다. 한 남자가 뱃머리에 있었다. 여자의 남편인 것 같기도 했고 다른 사람인 것 같기도 했다. 여자 생각에는 다른 사람인 것 같았다.

뱃머리에 있던 남자가 말했다.

"누가 말하는 거요? 누군가의 목소리가 들린 것 같은데."

여자가 답했다.

"바로 여기 제가 곤경에 처했는데 당신이 온 것을 보고 당신을 몰래 훔쳐보고 있었어요."

"우리가 찾을게요. 우리가 찾을게요."

그렇게 말한 후 배에 있던 남자가 미끄러지듯 배에서 밖으로 나왔다. 그러자 여자가 말했다.

"어떻게 해야 했을까요? 우리 여자들은 어떻게 행동해야 하죠? 나는 무엇을 해야 할지 몰랐어요. 당황했어요. 어디로 가야 할지 누구의 도움으로 자신을 위한 힘을 찾아야만 할지 몰랐어요. 죽이고 싶으면 죽이세요."

배에 있던 남자는 사나운 곰이 되어 큰 발자국 소리를 내며 올라갔다. 여자도 곰이 되어 마주 보며 내려갔다. 내려가다가 그들은 서로 붙잡고 싸웠다. 서로를 붙잡은 채 남자 곰은 위에서 여자 곰은 아래에서 서로 싸웠다. 여자가 남편을 알아보았다. 남편이었다.

남편이 말했다.

"우리가 이 배를 타면 우리는 우리 땅을 찾지 못할 거야. 당신은 내 목소리를 흉내 내. 만일 사람들이 부르면 내가 말하는 것처럼 대답해. 내가 잠시 저 산에 갔다 올게. 배 안에 이것을 던지면 배를 밀어."

남자는 노루를 찾으러 갔다. 한참을 걸었다. 올라가자마자 노루를 죽였다.

배에서 소리쳤다.

"어디 있어?"

아내는 남편의 목소리로 말했다.

"여기 있어."

“뭐 해? 그럼 놔두고 갈 거야.”

마침내 남편이 산에서 내려왔다. 남편이 말했다.

“내가 뒤에서 내려갈 테니 당신이 앞에서 내려가.”

남편이 뒤에서 아내가 앞에서 내려갔다.

“배가 가라앉도록 이것을 배 뒤에 던져.”

남편은 붉은 피를 흘렸다. 어딘가 작은 상처가 났다. 여자가 던지자 뱃머리가 바다로 들어갔다. 배는 큰 소리를 내며 사라졌다. 해안에서 멀어졌다. 아내와 남편 둘만 남았다.

그 후 두 사람은 힘들게 살았다. 고향 땅을 어떻게 찾나? 아내가 말했다.

“태양이 뜨는 쪽에 우리 땅이 있어요.”

남편이 말했다.

“태양이 뜨고 태양이 지는 중간에 우리 땅이 있어.”

그들은 해안을 따라 걸으며 계속 상의했다. 그렇게 그들은 떠났다. 하늘의 공이라고 불리는 공 세 개가 떨어졌다.

남편이 말했다.

“공이 떨어진 것을 잘 지켜봐야 해. 저 공들이 이리저리 움직일 때 그들을 잘 주시하면 우리 땅을 찾을 수 있을 거야.”

아내는 공이 움직일 때 공을 잡았다. 남편도 잡았다. 공이 움직이는 대로 갔다. 하늘의 끝과 땅의 끝에 그들의 집이 있었다. 그들은 집으로 갔다.

호심부 할아버지

사냥꾼들이 호심부 할아버지와 함께 바다표범을 잡으러 갔다. 바닷가에서 멀리 떨어진 곳으로 바다표범을 사냥하며 다녔다. 그런데 얼음 조각 위에 호랑이가 있는 것이 보였다. 얼음 조각이 흘러가는 대로 호랑이도 가고 있었다. 그때 호심부 할아버지가 배를 타고 얼음 조각으로 다가갔다. 배에서 노를 젓고 있던 사람들은 아주 무서웠다.

호랑이는 몹시 여위고 햇볕에 바싹 말라 있었다. 호랑이가 탄 얼음 조각은 해안에서 멀리 떠내려가고 있었다. 호심부 할아버지는 노 젓는 사람들에게 욕설을 하며 힘차게 배를 몰아 얼음 조각 있는 곳에 바싹 댔다. 호랑이는 할아버지가 탄 배 안으로 뛰어 들어왔다. 배에 들어온 호랑이는 배의 한가운데 앉았다. 사냥꾼들은 육지 쪽으로 노를 저어 해안가에 배를 댔다. 호랑이는 땅으로 뛰어내렸다. 호랑이는 숲 쪽을 향해서 사람들 맞은편에 앉았다. 할아버지를 혀로 핥으며 머리를 가볍게 수그렸다. 그렇게 호랑이는 목숨을 구했다.

그때부터 우리 발듀 성씨 사람들이 사냥을 나가면 누구보다 많이 바다표범을 잡아 왔다. 100마리 이상을 잡아 왔다. 배에 한가득 잡아서 싣고 왔다. 호심부 할아버지가 그 호랑이 목숨을 구했기 때문이다. 호심부 할아버지와 함께 사냥을 가면 할아버지는 타수를 잡고 사냥꾼들은 노를 저어 가다가 해안가에서 멀리 떨어진 얼음 조각 위에 있는 바다 표범을 죽였다. 호랑이가 우리 발듀 성씨 사람들을 항상 먹여 살렸다.

해 설

울치인에 대해

울치인은 러시아 극동의 아무르강 유역의 소수민족으로 3000명 정도가 현존하는 것으로 알려져 있으며 그중 대부분이 하바롭스크 변강주에 거주하고 있다. 알타이어계 만주퉁구스어파에 속하는 울치어가 토착어고 공용어는 러시아어다.

'울치(Ульчи)'는 부족 성씨 중 하나인 '올치(Ольчи)'에서 나온 명칭으로, 1926년부터 공식적인 명칭으로 사용되고 있다. '땅에 사는 사람들'이란 뜻의 '나니(Нани)', '아무르 사람들'이란 뜻의 '만구 나이(Мангу най)'로 불리기도 한다.

울치인의 기원은 아주 오래전 중석기 시대로 거슬러 올라간다. 중석기 시대에 아무르강 유역에 거주했던 토착민은 기원전 3000년경 북쪽과 서쪽으로부터 온 퉁구스, 튀르크, 몽골계 민족들의 영향을 받았고 그 후 오랫동안 나나이, 네기달, 예벤키, 아이누 등, 여러 민족과 섞이면서 현재 울치인의 민족적 정체성이 형성됐다. 다양한 민족 간 교류와 접촉의 역사는 울치인의 생활 양식, 문화, 언어에 반영되어 나타난다.

19세기 중반 아무르 지역이 러시아에 병합되면서 울치인은 경제, 사회, 문화 전반에 걸쳐 러시아 문화의 영향을 받게 된다. 그러나 아직까지 결혼이나 가족 제도, 종교 의식에 옛 전통이 남아 있는 것을 볼 수 있다.

울치인의 생활, 의식주

울치인은 주로 어로와 사냥에 종사했고 2~5개 정도의 가옥으로 이루어진 작은 마을에 정착 생활을 했다. 남자들이 겨울에 사슴, 곰, 담비 등을 사냥하는 동안 가족들은 통나무로 된 원추형 겨울 가옥 '하그두(xarʌy)'에서 보냈다. 이 가옥의 중앙에는 그렇게 높지 않은 나무판자를 놓아 개를 키웠다. 개는 울치인의 중요한 이동 수단이었다. 울치인은 결빙된 아무르강을 개가 끄는 썰매나 스키를 타고 다니며 어획이나 사냥을 했다. 울치인에게 있어 특별한 의미를 지니는 동물로 곰을 들 수 있다. 곰을 신성시하는 곰 숭배 전통은 곰 축제에 잘 나타난다. 곰 축제는 사냥한 곰을 씻고, 분해해서 서로 나누어 먹고 가죽과, 뼈 등을 묻는 의례다. 곰 축제 중에는 나무판자를 없애고 그 자리에 곰을 매 놓았다. 여름에는 나뭇가지로 엮은 원추형 가옥에서 생활했다.

울치인은 물개나 사슴 가죽으로 만든 기모노 형태의 겉옷을 입었다, 겨울에는 그 위에 털옷을 입었다. 남자는 물개 가죽으로 만든 바지나 치마를 입었다.

울치인의 음식은 주로 물고기였다. 날것을 먹기도 하고 삶거나 굽고, 말리는 등 다양한 방법으로 물고기를 요리해서 먹었다. 연어 등의 큰 물고기는 대부분 햇볕과 바람에 말려 저장해 두고 물고기의 뼈는 말려서 개의 사료로 이용했다. 현재 울치인은 하바롭스크 변강주의 울치 지역을 중심으로 어업에 종사하며 정착 생활을 하고 있다.

울치인의 전통 신앙

울치인은 모든 자연물에 정령이 있고, 하늘의 신들이 사는 천상 세계, 인간이 거주하는 지상 세계, 죽은 사람이 가는 지하 세계가 있다고 믿었다. 땅의 주인 정령은 사냥꾼의 수호신으로, 사냥할 때는 반드시 땅의 주인 정령에게 사냥을 잘하게 해 달라고 빌었다. 땅의 주인 정령뿐 아니라 물의 주인 정령, 불의 주인 정령에게 다양한 음식과 풀 등의 제물을 바쳐 풍요로운 수확과 가족의 건강을 빌었다. 또한 울치인은 하늘의 신 '하다우'가 이 세상과 인간을 창조했다고 믿었고, 닭이나 돼지를 제물로 바쳐 풍요를 빌었다. 결혼식이나 장례식에도 울치인의 전통 신앙이 잘 나타난다. 신부 아버지는 혼인 전 타이가를 돌아다니며 땅의 주인 정령에게 음식을 바치고 딸의 행복을 빈 후 이 음식을 신랑과 신부에게 먹인다. 고대 울치인은 죽은 영혼을 위해 집을 지어 고인의 관을 놓아두는 풍습이 있었다. 그러나 20세기에 들어 거의 사라지고 매장이 일반화되었다. 천상 세계와 지하 세계를 넘나들 수 있는 샤먼은 병을 치료할 뿐 아니라, 새로 태어난 아이의 영혼을 지켜 주는 중요한 존재로 여겨졌다. 우리는 울치인 설화를 통해 이러한 정령 숭배와 다신교의 흔적, 샤먼의 전통 의식에 대해 알 수 있다.

울치인 설화

울치인 설화에는 우주의 기원에 관한 신화, 성씨 · 강 · 호수의 유래와 관련한 전설, 마법담, 일상담, 동물담, 수수께끼, 샤먼이 부르던 노래 등이 있는 것으로 알려져 있으나 러시아어로 번역된 것은 그렇게 많지 않다. 이 책에서 소개되고 있는 설화는 총 13편으로, 마법담 여덟 편(<켐테르게 용사> · <용사와 사악한 정령> · <처녀와 거인들> · <바투리> · <개구리 아이> · <소년과 사악한 여우 정령> · <거지가 왕이 된 이야기> · <첸투세>), 일상담 한 편(<가난한 노인과 부자 노인>), 동물담 한 편(<개구리와 쥐>), 곰과 호랑이 토템과 관련된 전설 세 편(<두 자매> · <청년과 호랑이> · <호심부 할아버지>)이다. 이 책에 수록된 이야기들은 비교적 줄거리가 길지 않다. 대부분 "집 한 채가 있었다", "어느 집에 한 아이가 외롭게 살았다", "한 노인이 마을에 살고 있었다", "한 부유한 노인에게 아들이 하나 있었다", "한 마을에 남편과 아내가 살고 있었다"와 같이 시간적 배경 없이 공간과 주인공에 관한 간단한 서술로 시작하는 구성상의 공통점을 보인다.

울치인 설화의 중심을 이루는 것은 마법담이다. 용사의 기이한 탄생과 성장, 사악한 정령을 물리치러 떠나는 용사의 모험을 그린 <켐테르게 용사>, <용사와 사악한 정령>, <바투리>, <첸투세>의 영웅담에서 주인공 용사들은 아버지의 원수를 갚기 위해 또는 약혼자나 아내를 찾기 위해 모험을 떠나 사악한 정령을 죽이고 결혼을 하고 행복을 찾게 된다. 고대 울치인의 생존을 위협했던 적들과 이에 투쟁하는 울치인 자신은 마법담 속에서 사악한 정령과 그를 퇴치하러 떠나는 용사로 형상화되는데, 우리는 여기서 투쟁으로 점철된 혹독한 삶을 스스로 극복하며 살아온 고대 울치인을 상상해 볼 수 있다.

또한 개구리로 태어난 아이가 자신을 버리지 않고 키워 준 부모에게 은혜를 갚아 결국은 사람이 된다는 이야기인 <개구리 아이>는 인간과 동물의 경계를 정확하게 구별하지 않았던 고대 울치인의 생명관과 자연관을 반영한다. 하찮은 미물이 나중에 인간이 된다는 것은 우리나라를 비롯해 세계 여러 지역에도 나타나는 주제로, 여러 다양한 요소가 가미되어 변형된 이야기들이 다수 전해진다.

<처녀와 거인들>은 사악한 거인에게 시집갈 운명에 놓인 처녀가 마법의 힘과 지혜로 곤경에서 벗어나 결국 자신이 좋아하던 청년과 행복하게 산다는 이야기고, <거지가 왕이 된 이야기>는 힘든 현실을 용기와 기지로 극복해 마침내 공주와 결혼하고 왕국을 차지한다는 이야기로, 울치인이 지녔던 현실의 어려움에 당당히 맞서는 적극적인 인간에 대한 믿음과 밝은 미래에 대한 긍정적 시각을 엿볼 수 있다.

<소년과 사악한 여우 정령>은 여우 악령에게 홀려 죽을 뻔한 아들을 살리는 아버지의 모험담으로 우리나라의 구미호 이야기와 유사하다는 것을 알 수 있다.

일상담은 현실에서 일어날 수 있는 이야기로, 옛날의 생활과 풍속을 알게 해 주는 자료이기도 하다. <가난한 노인과 부자 노인>은 인간의 과한 욕심이 결국 비극을 초래한다는 일상담에서 흔하게 볼 수 있는 주제의 이야기인데, 이야기 속에 등장하는 생선알, 물고기, 강 등의 소재를 통해 어로를 주업으로 했던 과거 울치인의 생활을 알 수 있다.

<두 자매>는 곰이 인간 세계로 와서 자손을 낳고 행복하게 잘 산다는 내용으로, 우리나라를 비롯해서 북방 퉁구스계 민족들에게 널리 퍼져 있는 곰 토템 설화다. 또한 호랑이와 관련된 설화도 있는데, <청년과 호랑이>는 한 청년이 호랑이로부터 보살핌을 받고 호랑이 덕분에 아름다운 인간 아내와 호랑이 아내와 함께 행복하게 살았다는 내용으로, 울치인들이 호랑이를 신성시했다는 것을 알게 해 준다. 울치인은 호랑이를 공포의 대상이자 영험한 존재로 여겼다. 호랑이를 구해 준 대가로 사냥을 많이 하게 되었다는 호랑이의 보은과 관련된 <호심부 할아버지>는 우리나라에서 전해 내려오는 호랑이 보은 설화와 아주 흡사하다.

국내에 처음 소개되는 울치인 설화를 통해 우리는 혹독한 환경과 생존을 위협하는 수많은 존재와 투쟁하며 살아온 울치인의 치열한 삶과 부정적 현실에 안주하지 않고 적극적으로 극복하면 행복을 얻을 수 있다고 여겼던 낙관적 미래

관을 엿볼 수 있을 뿐 아니라, 울치인에게도 우리 민족에게처럼 곰과 호랑이 숭배 문화가 있다는 것을 알 수 있다.

옮긴이에 대해

이경희는 한국외국어대학교 노어과를 졸업하고, 러시아 과학아카데미 비노그라도프대학원에서 의미통사론에 관한 논문으로 박사 학위를 받았다. 현재 한국외국어대학교에서 강의하고 있으며, 논문으로 <어휘-통사 층위에 나타나는 언어문화적 변이>, <담화연결어의 의미와 기능>, <언어적 세계상에서의 놀이와 도박> 등이 있으며, 저역서로 ≪도박하는 인간≫(공저), ≪러시아 추리작가 10인 단편선≫(공역), ≪북아시아 설화집 5(알타이족)≫, ≪셀쿠프인 이야기≫, ≪토팔라르인 이야기≫, ≪시베리아 타타르인 이야기≫ 등이 있다.

울치인 이야기

작자 미상
옮긴이 이경희
펴낸이 박영률

초판 1쇄 펴낸날 2018년 11월 13일

지식을만드는지식
02880 서울시 성북구 성북로 5-11 (성북동1가 35-38)
전화 (02) 7474 001, 팩스 (02) 736 5047
출판등록 2007년 8월 17일 제313-2007-000166호
전자우편 zmanz@commbooks.com
홈페이지 www.commbooks.com

ZMANZ
5-11, Seongbuk-ro, Seongbuk-gu, Seoul, 02880, KOREA
phone 82 2 7474 001, fax 82 2 736 5047
e-mail zmanz@commbooks.com
homepage www.commbooks.com

ISBN 979-11-288-3182-9
979-11-288-3183-6(큰글씨책)
979-11-288-3184-3(PDF 전자책)

책값은 뒤표지에 있습니다.

문학

한국 ≪포의교집≫ 외

일본 ≪바다에서 사는 사람들≫ 외

고대 그리스 ≪히폴리투스≫ 외

독일 ≪길쌈쟁이들≫ 외

스페인 ≪위대한 술탄 왕비≫ 외

유럽 ≪로칸디에라≫ 외

중남미 ≪네루다 시선≫ 외

중국 ≪서상기≫ 외

아시아 ≪물고기 뼈≫ 외

영국/미국 ≪빨래≫ 외

프랑스 ≪홍당무≫ 외

러시아 ≪유리 나기빈 단편집≫ 외

아프리카 ≪아딜리와 형들≫ 외

퀘벡 ≪매달린 집≫ 외

예술

미술 ≪예술에 관한 판타지≫ 외

연극 ≪풍자화전≫ 외

한국문학선집

한국문학의 어제와 오늘을 총정리하는 사상 초유의 기획

초판본 한국소설문학선집

한국 근현대문학 120년, 대표 작가 120명의 작품집 101권

초판본 한국시문학선집

한국 근현대문학 120년, 작고 시인 101명의 작품집 99권

한국문학평론선집

한국 대표 문학평론가 50인의 평론집 50권

한국수필문학선집

한국 대표 수필가 50인의 수필집 50권

한국희곡선집

문학성과 공연성이 입증된 한국 대표 희곡 100권

한국 대표 시인의 육필시집

한국 시단을 주도하는 시인들이 직접 쓴 시집 80권

한국동화문학선집

한국 아동문학사에 기록될 동화작가 120명의 작품집 100권

한국동시문학선집

한국 동시의 역사이자 좌표, 동시작가 111명의 작품집 100권

단행본

≪고려 후기 한문학과 지식인≫ 외